QIYE CHENGZHANGLI SHUJIA
企业成长力书架

总裁领导智慧

孙军正◎著

中国财政经济出版社

图书在版编目（CIP）数据

总裁领导智慧 / 孙军正著. —北京：中国财政经济出版社，2014.10
（企业成长力书架）
ISBN 978-7-5095-5641-2

Ⅰ. ①总… Ⅱ. ①孙… Ⅲ. ①企业领导学 Ⅳ. ①F272.91

中国版本图书馆CIP数据核字（2014）第199260号

责任编辑：马 真　　责任校对：张 凡
责任印制：刘春年　　装帧设计：盛世纳唐

中国财政经济出版社出版
URL：http//www.cfeph.cn
E-mail：cfeph@cfeph.cn

社址：北京市海淀区阜成路甲28号 邮政编码：100142
营销中心电话：010-88190406 北京财经书店电话：010-64033436
北京富生印刷厂印刷 各地新华书店经销
787×1092毫米 16开 14印张 164 000字
2014年10月第1版 2014年10月北京第1次印刷
定价：36.00元
ISBN 978-7-5095-5641-2 / F·4559
（图书出现印装问题，本社负责调换）
本社质量投诉电话：010-88190744
反盗版举报热线：88190492 88190446

QIYECHENGZHANGLISHUJIA

企业成长力书架

编 委 会

序言

平庸的领导控制下属，卓越的领导影响下属

总裁的工作看上去复杂多变，但真的是毫无头绪且令人感到棘手不已吗？

总裁的地位看上去高高在上，但真的是依靠地位就能引导好员工的行动吗？

总裁的领导力，只是表现为对下属的控制吗？

答案是否定的。

只有平庸的总裁（领导者）才会试图控制下属，但绩效往往事与愿违；卓越的总裁（领导者）则会用自己的实际行动影响下属，绩效反而常常超出预期。这种影响是一种比控制更为实际有效的领导方式。

众所周知，由一只狮子率领的羊群之所以能够战胜由一只山羊率领的狮群，是因为关键人物对整个组织发挥的作用不同。企业中的关键人物便是“总裁”。那么，总裁如何才能塑造自己的影响力呢？

对于绝大多数的国内企业来说，总裁需要面对的是先进的领导观念的影响和渗透，同时，还要面对市场中不断白热化的竞争。但问题是，很难

找到某一种“灵丹妙药”来一次性地解决企业中的领导方式问题，帮助企业获得更好的业绩并突破现有的困境。因此，总裁需要明确的是，究竟哪些领导理念和领导方法能够更适合自己的发展、企业的变化，如何找到对企业领导加以明示的指针，如何挑选自己目前最需要的领导计划和领导方案等等。总裁的重任是培养英雄，而不是把自己变成英雄。在这个世界上，员工对待工作的态度大致可以分为四种：

第一种是想做但不会做；

第二种是会做但不想做；

第三种是既会做又想做；

第四种是既不会做也不想做。

而员工能否把事做好，则取决于两点：第一是他会不会做，第二是他想不想做。

所以，卓越领导要做的就是两件事：教员工让他会做，激励员工让他想做！

本书作者在总裁领导力培训的相关领域中潜心研究多年，通过和国内不同规模企业的高层管理者的交流、互动，积累了大量丰富的现实案例，并在课程中帮助过数十名企业总裁提升其自身的领导力。据此，作者将总裁领导智慧的精髓集结成书，并明确地提出了如下观点：

总裁的领导力，是总裁对企业进行管理、引导过程中所具备的应有能力，是总裁对员工的整体影响能力，而并非是在某个方面的控制能力。对这种影响力从理论上到实践上的认识、把握和运用，是做好总裁工作的基本前提。

总裁的领导力，是整个企业能够获得有效运转的先行条件。这是因为总裁通过领导力形成的个人影响无疑是企业发展的重要推动力，而总裁和员工之间的关系，也在相当程度上影响到整个企业的文化。如果能有效提高其个人的领导力，无疑会对整个企业形成科学管理方法具有积极推动作用。

从实践的角度来看，总裁这一职位所付出的领导活动，是企业内部科学性、综合性都最强的高层管理活动。想要获得强大的领导力，总裁必须要掌握先进的理论方法，同时也要具备灵活运用领导力的技巧和方法，从而更好地提高整个领导过程的效率。因此，本书作者在工作实践的基础上，将理论和实践加以有机结合，并使得其相互促进、相互印证，更加有效地分析解决领导过程中出现的不同矛盾和问题，并在遵循基本客观领导规律的基础上，创造性地对领导力组成的因素条件加以重构，进而获得明确地提高领导力的方法。

本书围绕总裁对企业进行管理中领导力这一主题，选择了影响力、诊断力、统御力、教练力、激励力和授权力等不同的技术因素，将不同流派的领导思想和智慧加以融会贯通，并结合在过去数十年中不同企业总裁在实际工作中表现出的正反两面事例加以论述。

本书中的每一节都由两部分组成，其中，领导力原理部分通俗易懂，利于吸收,而领导力案例部分则选用了典型的成功或失败案例,供读者参考借鉴,启发学习思路。通过学习本书，相信读者能够同时在理论和实践两方面加强自身素养，寻找到自身差距，并改正自身不足，最终提高领导力水平。

作为企业的核心领导人物，总裁领导力的高低，是企业参与市场竞争的胜负手，也是整个企业员工的关注焦点。我们相信，从阅读和学习本书开始，企业总裁级别的高层管理人士能够获得提升领导力的启发和动力，从而发挥对员工的更大影响力，并就此踏上既需要克服艰险，同时又充满美好风景的革新之路！

目录

第一章 领导透视：影响力从何而来

第二章 诊断技术：员工的成熟度如何

第三章 统驭技术：选择适合你的领导风格

第六章　授权技术：该放手时就放手

第一章

领导透视：影响力从何而来

一、领导透视：好领导 or 坏领导

◎从企业寿命看领导功过

作为企业的最高领导，在总裁的个人工作中，“领导力”和随之衍生的“影响力”似乎永远难以说清楚，永远难以用一个简单的标准来加以衡量。然而，可以确定的是，总裁个人的领导力有多大，整个企业的成就也就有多大，企业的成就永远无法超过总裁个人发挥的领导力，而且必然会受到总裁工作功过的影响和制约。这个事实，清晰地表现在中国企业寿命现状和其他国家企业寿命现状的对比上。

中国企业寿命现状

每个企业从诞生之日起，就是市场中的一个“有机体”。和生命一样，企业有着自己的成长、发展和变化的周期，这种周期的长度，我们习惯称之为企业的寿命。

据权威调查数据显示，世界上最优秀的企业群体——《财富》杂志排出的世界 500 强企业，其平均寿命大约在 40 年以上。例如，1970 ~ 1980 年间，有将近 1/3 的 500 强企业被其他企业兼并、收购或者干脆倒闭。按照这样的数字来计算，即使能够进入这些优秀的企业担任领导或者负责工作，也很有可能在职场人生中看到自己管理或服务的企业消失在市场中。当然，不少这个层次的企业也有着上百年乃至数百年的历史。

500强如此，绝大多数企业的寿命就更短了。在欧美、日本等发达国家，一般企业发展的平均寿命在13年左右。而这个数字到了中国，则更加不容乐观了，中国企业的平均寿命甚至不到8年，大部分企业在10周年这个成长的门槛之前“跌倒”。而实际上，“8年”这个数字也有许多并不真实的成分，一些企业名义上存在，但实际上早已停止业务，成为空壳，这样的事实更让我们必须严肃面对中国企业寿命短暂的现实。

那么，中国企业寿命的现状，和企业总裁又有怎样的联系呢?

企业寿命受领导者影响

想要看清楚领导力对企业寿命的影响，必须先要弄清楚什么是领导力。在我提出的概念中，领导力和影响力是密不可分的。领导力并不仅仅意味着管理的能力，因为管理更看重的是如何去控制团队、控制工作，而领导力则更强调从战略层面去影响他人、协调企业。因此，企业总裁应该更好地观察、评价自己的领导力，并认识其具体的作用和意义。

首先，总裁应该培育和增强自身的领导力。许多总裁有着强大的工作能力、丰富的管理经验、广泛的人际脉络和超前的战略思维等等，但唯独没有将领导力看做自身的重要素质。这往往导致许多民营企业寿命短暂，虽然这些企业寿命的短暂受到较多的外部因素影响，例如激烈的市场竞争、不合理的干预等等，但还是可以观察到一些领导力强大的总裁实际上能够通过提高自身的素质，并发挥前瞻和规划的能力、沟通和协调的能力、均衡和激励的能力来影响企业在市场中所进行的决策和选择，加强对员工的沟通，从而推动企业自身结构的进化、效率的提升。因此，总裁只有在这样的认识高度上，才能真正了解领导力的作用。

其次，总裁应该正确看待发挥领导力的形式。因为培训工作的关系，我认识不少企业的总裁，他们在谈到领导力时总是相当投入，认为自己很重视自身领导力的培养。但是，他们往往并没有真正理解领导力的发挥形式。事实上，领导力并非仅仅体现在总裁个人工作过程中，更体现于总裁“离开”实际工作的过程中。这也就意味着，当总裁离开企业的实际细微事务管理时，如果企业依然能够长期正常运转，那么，总裁的领导力就真正转化成为了企业的寿命。

最后，总裁的领导力还应该在必要的时间点上进行迅速地转化。今天，很多企业总裁将领导力的培养看成其个人能力的改变和魅力的提升，这固然有其道理，然而，要想让企业整体寿命从领导力中受益，总裁就应该学会将自身的领导力及时进行推广和培育，使其变成组织的领导力。这是因为，每一家企业要想延长其寿命，就需要其中每个员工都具备良好的责任感、协作感，都向着自身的不同工作目标努力进步，而要让企业获得这样的状态，只有通过总裁将个人领导力进行及时的影响、推广和示范，才能准确做到并持续改变。

总之，总裁的领导力和企业的寿命长短有着密不可分的关系。只有真正提高自身的领导力，企业总裁才能使企业的寿命不断延长，从而使其成为自己努力工作的丰厚回报。

◎下属对于拙劣领导的负面反应

卓越的领导力能够提高总裁个人的工作效率和业绩，延长企业的寿命并助其取得成就，反之，拙劣的领导力则会产生严重的负面效果。这些负面效果很容易打压企业中员工的工作积极性，妨碍他们工作能力的发挥，并导致企业中团队之间和团队内部配合的松散。

领导力拙劣的表现

我曾经提出，一个优秀而成熟的总裁，不应该将企业的成就归功于自己，也不应该逃避责任。但是，在不少企业中，总裁领导力的拙劣表现造成了下属的不满并导致企业整体面临失败。

那么，领导力拙劣的表现有哪些呢？根据我的总结，通常有以下几种拙劣之处最容易造成下属的侧目：

缺乏战略眼光——领导力，是影响、率领和引导所有下属的能力。这就意味着，总裁必须要比其他人站得高、看得远，具有充分的战略眼光。而不少企业总裁并没有真正将确定企业的远景目标和提高自身领导力加以结合，或者其树立的结合关系并不清晰、没有完整传达给下属。这样的领导力无疑是较弱的，并很容易给下属带来困扰、造成麻烦。

缺乏执行力——总裁领导力发挥作用必须要归结于执行，因此，确保稳定执行是总裁做好自身领导力提升的重要任务。如果总裁只专注于配备必要的团队、资源，也没有真正去保证企业的主要风险得到解决、主要机会得到利用，那么，其领导力显然是不够的。

缺乏职业品德和必要个性——总裁能够发挥领导力的基础是他的头衔和地位，但是，头衔和地位又不足以完全保证他能拥有优秀领导力。如果总裁不能充分体现自身的职业道德、职业个性，也就很难保证能够吸引下属表现出他们的职业品德和个性，同时难以在上下级、团队乃至整个企业之间建立信任，并造成下属的怀疑甚至背叛。这种情况实际上是总裁领导力缺乏带来的另一种困境。

缺乏企业文化——显然，糟糕的企业文化会在相当程度上影响企业中下属的工作效率，造成企业内部冲突的加剧。所有的企业文化都来自于总裁领导力的高低。如果总裁缺乏领导力，那么，很难想象随之产生的企业文化能具有充分感染力，并保证下属能够在这样的文化中努力工作。

在如上所述的这些领导力缺乏的表现的影响下，下属会产生大同小异的负面工作效应。

下属产生的负面效应

正如同伟大的军事家、领导者拿破仑所言："没有糟糕的士兵，只有糟糕的将军。"总裁不能将希望寄托在自己总是拥有良好的下属上，而应看到自己的领导力表现如何，要知道自己的这些表现会引起下属的哪些反应和态度。

来看下面这个调查结果：

美国的管理专家霍根曾经对不同行业的员工做过一项满意度调查。调查结果显示，无论是在哪个行业或者是在哪个时间点上，也无论是具体哪个城市和企业，调查中60%～75%的基层员工会认为，在其日常工作中，最大的麻烦、最糟糕的问题都是来自于其直接的领导，或者来自于公司的总裁。霍根还专门指出，在美国，不称职的总裁及其下属管理者，在总的企业高管数量中占比高达55%以上。而德国的管理专家也得到了近似的调查结果，大约有一半的企业总裁并没有充分发挥出应有的领导力。

这些调查报告显示出，由于领导力的缺乏，下属所作出的回应是负面的，他们对于企业总裁的工作威信、工作影响力和工作绩效产生了原本不应有的怀疑，从而对于自己的工作状态、工作效率、工作目标等也感到难以操控。

面对下属因领导力不足而产生的负面效应，总裁应该做的是迅速去培养和发展自身在领导力上的特质，并确保下属会跟着自己继续走下去，将负面效应转化为积极效应，通过不断提高领导力来不断提高对下属的影响效果。这就需要懂得如何积极激发下属对自己领导力的追随。

首先，总裁在发挥领导力时，应该确保员工知道自己在企业中是重要的。每个人都希望自己能够受到重视，只有当员工们感觉自己受到重视时，他们才会愿意正面观察和服从总裁的领导。因此，总裁必须知道让员工感到自己价值的重要性。

其次，总裁应该利用领导力来宣传自己和整个企业的目标。只有这样才能让下属在接下来的工作中相信，总裁正在为自己的重要目标而发挥出领导力。在这样的暗示下，他们会观察到更多的有利因素从而自我激励、全身心投入。

最后，总裁要懂得公平对待员工、公平行使领导力。领导力使用的大忌在于缺乏公平，不公平的领导力所导致的影响力也会失去公平。总裁应该同样关心每个下属、公平对待每个下属，这样，他们才会因为总裁表现出的责任感和公正感而承认总裁的领导，并愿意给出正面效应。

总裁应该懂得，培养领导力、打造领导魅力，不仅仅是为了使自己在工作中更好地影响下属，更重要的是让下属自发追随，并打造出良好结果，这才是选择培养领导力更深层次的意义。

◎领导者，你欠缺什么

总裁的领导力是否全面发展，对于企业长远和短期的业绩改善、员工的团结程度，都有重要作用。也正是基于这样的原因，越来越多的企业总裁开始意识到发展自身领导力的重要性。然而，在发展自身领导力之前，如果不能清晰地意识到作为领导者的总裁欠缺哪些方面的能力，就无法真正设计出切实可行的、能够推动企业前进的领导力发展方案，也无法着眼未来，对自身的领导力进行培养以实现企业和个人的目标。

领导者最欠缺的能力

根据我的研究，中国大多数企业总裁在领导力上欠缺的内容有着很多共同点，可以归结为下面这些方面：

首先，领导力发展不成熟。不少总裁虽然意识到领导力发展的意义，但是其选择的发展方式也仅仅在个别的工作方面，并没有将领导力整体的发展提升到和整个企业紧密相关的层面上。另外，总裁也并没有将能力的标准、文化的氛围、人才的管理系统等等和自身领导力发展加以融合。

其次，领导力持续效果不足。可以说，持续是领导力特点的重要内容，通过持续的力量，能够让下属齐心协力赢得目标。而不少总裁在关注领导力的过程中，更看重一个个项目中自己的领导力发挥，从而导致领导力成为一种断断续续的能力。实际上，领导力应该无时无刻地体现在企业的不同环节、不同部门中，这样，总裁才能和他的追随者产生良好互动，并不断提升领导力。

最后，获取信任的能力。领导力的获得，应该通过总裁对下属的信任和下属对总裁的信任而产生并运用。因此，总裁应该注意到对追随者施加影响应该建立在相互信任的基础上，而不是强行命令。但实际上，中国民营企业中的许多总裁更加强调自身职权地位带来的威信，而忽视了作为企业的一员的角色赋予他们获取信任的权利、义务和责任。

上述领导者的欠缺往往并不直接表现为企业经营问题，但是，由于这些欠缺，总裁有可能在企业的发展过程中面临始料未及的困难，甚至导致企业和个人事业的失败。

领导力欠缺的影响

1999年，贾格尔成为了美国宝洁公司的总裁。当时，贾格尔面临的问题是整个公司在盈亏线上已经因为激烈的价格竞争而徘徊不前，加上股票市场上的挫折也导致企业业绩不佳。

面对这些情况，贾格尔开始力行新政，打算在两年内扭转宝洁的业绩。首先，他将企业的发展重点转移到公司的外部，强调打开新市场、开发新产品，并缩短花费在产品推广上的时间。其次，他开始收购大量的品牌企业，虽然其中不乏成功的案例，但也有一些高风险的收购，导致贾格尔和公司的投资人产生了冲突。另外，贾格尔为了推动整个企业更加灵活、迅速的反应，还改变了企业内部的程序，废除了原有的评估和成熟报告程序，然后实施新的程序，要求企业部门能够根据其具体目标销售额来安排成本。为此，他提出了公司下属应该积极打破常规，勇于竞争，停止漫长讨论等行为，并对国际营销的地区网络进行改革，重新将整个企业的营销网络分为全世界的7个部门。在贾格尔的设想中，能够让宝洁公司在全球趋势发生变化时作出迅速和有效的反应。

虽然贾格尔在领导方面表现得计划周密、行动迅速，但宝洁公司到2000年春季实现利润上升的愿望并没有实现，而到了2000年上半年，其股票价格也一路下滑。开始有下属通过企业的电子邮件和内部信件，抱怨公司的整体士气，并表示对贾格尔的领导力缺乏信心。其下属甚至抱怨说，不知道自己究竟应该在哪个领域中工作。最终，贾格尔在任职17个月以后辞去了总裁的职务，新的总裁开始用自己的计划扭转局面，整个宝洁公司的下属都希望，新总裁能用更加传统但积极的方式来完成。

贾格尔的错误，在于他只看到自己的领导力发生作用的方面，而没有看到自己的领导力实际上有所欠缺，并不完美。例如，他的领导力缺乏宝洁公司企业文化上的支撑，甚至缺少上下级之间应有的信任支撑和人际关系，而其领导力自身对于市场的观察判断、对于执行过程的考察预测也有不成熟的地方，这就导致其即使领导力有优秀的部分，但也为这些欠缺的短板所限制住而无法发挥。

通过这样的案例我们可以发现，总裁只有先弥补好自己在领导力上的缺陷，才能利用总体领导力来推动企业的发展。

◎好领导和糟糕领导的行为特征和表现

在企业的运行中，经常会发生这样的情况：总裁的领导愿望并不一定产生良好的领导行为，甚至同样的领导愿望，在不同的被领导团队眼中的行为特征和表现可能完全不同。实际上，这是因为在企业中，总裁能否有效地进行领导，并不仅仅取决于总裁的领导方式本身，其行为特征和表现还来自于更多其他因素。因此，总裁有必要对好的领导行为和糟糕的领导行为加以区分，分清楚其特征和表现。

好的领导行为

在好的领导行为中，有着如下的行为特征和表现：首先，好的领导行为能够表现出对员工主观感受的注重。在这种领导行为中，总裁应该注意到下属对他的领导行为有着怎样的反应，这就要求总裁不仅只看真实的客观事实，还要注意到员工在主观上的感受。因此，好的领导行为通常都会表现出对下属的真正关心、周到和细致，这种行为通常会态度友好，随时表现出对下属工作的支持和帮助，既想要为公司获取利益，也会想到下属的利益。

其次，好的领导行为会表现出对下属的信任、对下属较高的期望。同时，在这样的领导行为中，总裁应该用行为表现出对下属的支持、帮助和教育，例如当他们遇到了较为困难而无法完全胜任的工作时，总裁应该尽量提供帮助、协调，或者帮助他们重新安排工作、职位等等。

总体上来说，好的领导行为始终是对沟通给予充分重视的，同时善于运用沟通的方法。这是为了让领导行为的效率更高。所以通过沟通来保证组织内部因为有了良好领导行为而始终畅通无阻。而建立这样一个良好交流的渠道，是一个组织能够在领导行为下顺利运转的基本条件，同时是总裁成功领导的重要条件。因此具体来说，在良好的领导行为中，无论是信息的发生、发送、传递、表达，还是对信息的接受、理解以及下属自行作出的判断等诸多环节，都应该在总裁的领导行为中有所预计和体现，并得到良好的控制。

为了防止领导行为出现偏差，总裁还应该对糟糕的领导行为特征有所了解，并注意在具体的领导工作中加以避免。

糟糕的领导行为

我曾经帮助不少总裁加强领导力，也曾经参与过一些公司进行业务重组的过程。在这样的过程中,我发现糟糕的领导行为在总裁日常工作中常常出现，而在我指出之前，绝大多数总裁对于其自身不良行为对于企业发展的影响并没有真正充分的认识，他们往往对之加以否认，或者敷衍。但实际上这些总裁一旦远离糟糕的领导行为之后，就会发现自己能够更加充分地调动员工的工作热情，调整工作状态，提高企业的生产率、创新力，最终增加企业的利润。

不妨看下面这个案例：

在L公司，张总是技术出身的首任总裁，在他的带领下，公司起步阶段业绩迅速腾飞，仅仅两三年就成为业内的新兴竞争者。然而，在公司发展的瓶颈期，张总的一些领导行为出现了问题。

首先，一些员工发现，张总和企业初创时的老员工关系似乎太亲密了，如同“兄弟”关系而并非真正的上下级关系。例如，对于这些老员工，张总表现得格外宽容，授权缺乏边际，对他们的考核也难以真正做到从事实出发，而这些老员工也经常以公司的创立者自居，导致企业内部出现新老两个派别，经常会影响企业内部应有的团结合作。

其次，企业内的不少中层干部发现，张总对于细致的工作非常关注，而对于企业整体的管理计划和战略方向并没有具体的设计和想法。由于张总在这方面考虑欠周，不少团队经常发现自己的工作方向不明，常常按照要求启动工作项目，又按照要求停止工作项目，这样，实际的工作效率大大降低了。

幸运的是，在我的课程中，张总认识到了自身糟糕领导行为的表现特征、具体原因，并进行了积极的改正，整个企业面貌就此焕然一新。

作为企业总裁，手中必然掌握巨大的权力，而这种权力变成领导行为后，既有可能出现成功的影响，也有可能产生更大的负面影响。要做到前者而摒弃后者，总裁必须要认识到糟糕领导行为的特点，并努力做到良好领导行为。总体上说，糟糕领导行为有如下特征：

首先，缺乏道德。例如，欺骗员工、无视原则，导致失去员工的尊敬，这样的领导行为必然会变得越来越糟糕；其次，缺乏灵活性。例如，领导行为一成不变，难以应对现实的情况；最后，缺乏公平性，即没有将企业看做一个整体，而是按照个人的感受、好恶或者短期需要来进行领导行为。

总之，改变糟糕的领导行为，发扬好的领导行为，总裁才能看到自己和企业的整体变化。

二、领导者扩大影响力的三要素

◎要素1：领导能力

在一个企业中，最具有影响力的理所当然应该是总裁。然而，真正的优秀总裁从来不会只是靠运用职位权力来获得影响力，他们应该具有更加重要的特质，以此来带动、引导下属。在很大程度上，优秀的总裁获得影响力的最重要因素在于其领导能力，而这种领导能力就是属于他们的特质。

领导能力和影响力的关系

领导能力永远不会独立存在，在总裁这个位置上，领导能力更不会单独存在，而是会和企业的下属、团队以及企业之外的环境构成相互联系的整体关系。在这样的整体关系中，总裁的领导能力产生的一举一动，都会产生正面或者负面的影响力。

著名的杰克·韦尔奇在担任GE总裁时，就利用其杰出的领导能力打造出更大的影响力。

杰克·韦尔奇在GE（美国通用电气公司）担任董事长、总裁长达20年。当他刚刚接手这家企业的时候，发现这个外表不可战胜的企业，实际上因为企业内部的结构重压而面临破产的危险。举例来说，这家企业当时的领导模式相当落后：员工们只管工作，经理们只管管理，每个人看起来都坚守自己的岗位，但实际上整个企业内部被陈旧的组织、麻烦的审批和拖沓的官僚作风所控制。在这种领导模式下，企业的业务增长不断放慢，企业文化也缺少真正的创新力。

面对这种情况，杰克·韦尔奇利用其领导能力，策划领导了一次次改革战役。当他担任总裁的第一个十年内，他领导整个企业整顿、转让和关闭了将近几百项原有业务，然后用领导技巧有效消除了企业内原有的管理层级，改革了企业内原本已经习以为常的体制。除此之外，他还通过改变传统来加强自己的影响力，并改变整个企业的观念：在原先的GE，只有那些从企业内部来的项目构想才被认为可以进行尝试，而从其余任何渠道出现的项目构想都被看做“外来设想”而被简单加以排除。韦尔奇则利用其领导能力和影响力，要求员工能够积极吸收一切最好的想法，不管它们究竟从什么领域出现。

在杰克·韦尔奇对GE的革新性的改革过程中，他考虑的主要就是如何增强自己的领导能力，而不是简单地加以“管理”。实际上，韦尔奇甚至不喜欢管理这个词语，他认为，管理这个词容易让人想到被控制、被窒息、被利用和误导，如果仅仅是管理，很难发挥总裁的影响力。韦尔奇热爱的是提高其领导力并予以充分发挥，他喜爱用自己的领导能力来为下属创造出愿景。一个真正的总裁就应该用其领导力来描绘愿景，然后督促整个企业将之转变为现实。在这个过程中，总裁自己无疑可以获得充分影响力。

韦尔奇的案例告诉我们，领导能力和影响能力是密不可分的，总裁想要获得持续不断的影响力，不能靠事务性的管理，而要靠全局和长远的领导能力。

领导能力的本质

那么，什么才是真正的领导能力呢？不少总裁虽然对领导能力这个名词相当熟悉，但并不能完全清楚地加以认识和解释。

尽管有许多人将领导能力看成某种“大人物”所拥有的特征、气质、价值和能力水平，甚至因此而将领导能力看做一种永久的品质，但事实上，领导能力并没有这么遥不可及。领导能力是一种必须要伴随领导者、被领导者和两者之间互动而产生的能力，只有当总裁不断经历着工作中的领导事件时，其领导能力才能不断发挥作用、获得成长并带来影响力。最终，这种影响力将会独立开来，在相当长的时间内，影响总裁身边的环境，让其下属能够始终保持对其的忠诚，并在不同的环境下始终能够支持他。

因此，想要通过提高领导能力来获得影响力，总裁必须做到正确地认识领导能力，并处理好与被领导者之间的事件互动：

首先，总裁应该集中精力于对事件的领导上。总裁不需要在日常工作中过分表现自己的权力，或者阐述自己的想法，而只需要先做好具体的领导工作，从而用一件件工作事件来表达自己的领导原则、领导愿景，最终帮助下属更好地对自身进行认识。

其次，总裁应该竭力去赢得自身的追随者。总裁应该明白，下属并不等同于追随者，只有通过正确的领导方式，才能将下属转变为自己的追随者，并产生良好的影响力。

最后，总裁应该通过积极的行动来始终带领追随者们进行工作，这既需要总裁做到利用领导行为来开拓工作范围，也需要追随者们不断扩大总裁的影响力，同时使之共享到总裁的领导能力。

总之，领导能力是提升影响力的重要途径，获得领导能力方面的进步，总裁的影响力会获得更好的扩大。

◎要素2：领导权力

总裁要想实现领导他人的功能和作用，其关键在于自身影响力的大小。也就是说，总裁面临的更大问题不在于有无影响力，而在于影响力的大小。这是因为，一般职位的影响力和总裁的影响力之间在作用上显然不同，总裁的影响力有着举足轻重的作用。而这样的认识，能够帮助总裁更加深刻地认识到领导权力和影响力之间的关系。

总裁职位的领导权力

总裁的领导权力，来源于其职位。这种领导权力又可以被看做强制性影响力的来源。因此，领导权力可以看做来源于整个社会、市场和企业，是由组织所赋予总裁的地位、职位和权力所构成的。只有总裁才具有这样的领导权力，并带来相应的强制性影响力。

强制性影响力的特点是明显的，它具有强迫性和无法抗拒性，并能够表现为外部压力，被影响的人员会表现出被动、服从的特点。

如果从具体的因素来进行分析，就可以看出，总裁的领导权力来自于以下三因素：

首先是传统因素。通常条件下，人们都会认为能够担任总裁等职位的领导者和普通员工不同，他们之所以有职位和权力，是因为他们在既往的工作中表现出了卓越的才能。这样的观念逐步形成了市场和职场上的规范，从而确保企业内不同级别和不同岗位的下属产生服从的愿望。可以说，这样的领导权力特点，是总裁自身的领导职务所产生和给予的，一旦成为总裁之后，就会水到渠成地得到这种来自于传统力量的领导权力，从而为总裁的工作和言行带来相应的影响力。当然，这样的权力需要建立在服从的基础上，包括总裁对于市场规则的服从，也包括总裁对下级提出的服从要求。

其次是岗位因素。总裁在企业中具体负责的工作不同，所拥有的具体领导力也不同。总裁在企业中负责的工作范围越大、权力越大，则产生的领导力也就越大，从而获得的影响力也就越大，这样，员工对其产生的追随感觉也就相应越强。当然，岗位因素对于领导权力的作用，和领导者本身的能力素质并没有显著关系，它只是整个企业赋予总裁的力量。

最后是工作经验因素。总裁的工作经验、工作资历也是决定其领导权力的重要因素。在总裁实现领导权力之前，其工作经验和资历的作用就会存在。同时，总裁个人的工作经验和资历，能够反映出其过去的工作财富，因此转换成为领导权力并让被领导的员工产生追随感。

需要注意的是，总裁的领导权力并不是来自于其个人的实际行为，而是从外界获得的，其更重要的部分在于权力而非领导过程。只有当总裁利用好领导过程后，领导权力才能得到充分发挥并转换为影响力。

领导权力转化为影响力

获得领导权力后，总裁应该利用怎样的方法去将之转化成为其个人的影响力？实际上，这样的方法更多体现在总裁日常的个人工作中。

不妨看看I公司的刘总在其工作中所使用的具体方法：

刘总刚到I公司时，该公司已经连续两年亏损，且人才流失严重。到任之后，刘总首先让人力资源部和行政部门修改了劳动制度，对出现错误的员工进行必要的惩罚，对有贡献的员工进行充分奖励；要求出现错误的部门提出整改方法，对业绩提高有贡献的部门则予以物质上的奖励。同时，刘总还对公司有关工作程序进行了修改，结合整个中层管理团队的意见，对其中不合理的审批流程、合作流程进行了制度上的变化。

一个月以后，I公司的工作氛围焕然一新，那些原本打算混到年底跳槽的员工不得不重新审视自己的工作态度，而原本兢兢业业工作的员工则因为获得了奖励而有了更加强劲的工作动力。同时，由于有了更加符合实际的工作流程，不同的部门领导者无疑都对刘总敬佩有加，都愿意跟随他共同提高公司的业绩。

显然，刘总对自己在I公司内影响力的建设，主要利用了其自身职位所赋予的领导权力，并贯穿在日常工作中，从而推进自身的影响力。

从案例中可以看出，总裁利用好自身的领导权力来提高对企业的影响力，有以下几种方法：

首先，可以采用奖励的方法来提高影响力。总裁可以利用手中的权力对下属进行物质或者非物质的奖励,从而对下属产生不同程度的影响。具体来说，当下属表现出服从意愿时，就能够得到奖励，而下属为了满足自身的工作愿望、获得自己想要的奖励，就会不得不接受总裁带来的影响，并接受总裁提出的条件和要求。

其次，可以采用惩罚的方法来提高总裁的影响力。即对违背总裁工作意图的行为进行物质上和非物质上的处罚，而当总裁掌握了相应手段时，也就获得了对员工的强制影响力——员工们为了避免受到这样的惩罚，就必须接受来自总裁的指挥和影响。

最后，可以采用制度的方法来提高总裁影响力。这是指在整个组织中利用总裁个人所具备的影响力来制定、修改制度，这样的制度是整个企业所必须遵守的，带有组织内部法规的性质。而法定制度之所以会产生影响，也同企业内部员工的态度和规范有关。同时，制度的影响力也需要通过具体的奖惩手段加以表现，因此其依然能够通过总裁的领导权力产生影响力。

◎要素 3：领导风格

除了利用领导能力和领导权力来培养自己的影响力之外，总裁还应该学会利用自身的领导风格来打造其在企业中的影响力。可以说，采取不同的领导风格，对应不同的企业，总裁将能够从中看到自己的影响力发生实际性的变化。而任何一位总裁，只要利用好自己领导风格中的特点，真正按照自身的愿望和环境的要求去开展工作，也就能看到自身工作影响力的提高。

如何看待领导风格

想要利用好领导风格，首先应该抓住对领导风格的了解这一过程。领导风格一般是指总裁在领导方式中所表现出的习惯化特点，这种特点是和总裁个人工作经历、领导实践分不开的，并在其领导的过程中发挥作用，产生影响力。

但是，总裁并不能由此认为自己的领导风格注定是单一或不变的，不同的总裁有着不同的领导风格，而领导风格也没有必然的正误优劣之分，不同的总裁在不同的企业文化环境中，往往形成不同的领导风格。例如，有些总裁对于自己的下属管理严格，而有些总裁则对下属要求比较宽松；有些总裁对于工作会谆谆嘱咐、给出细节，而有些总裁对于工作只会指点出应有的方向；有些总裁会对员工给出具体的耐心指导，而有些总裁则会让员工放手去做；有些总裁会对工作过程相当看重，另一些总裁则会对工作结果更加重视。

实际上，聪明的总裁通常不会仅仅只关注自己原有的工作风格，而是会按照企业目前的工作目标和成员情况，寻找最好的领导风格，并利用正确的方式对下属加以影响。这是因为在任何一个组织或企业中，总裁都不可能完全按照原有的、已经养成的领导风格来开展工作，而是要根据团队的特点来适当改变风格，以期获得最大的影响力。

因此,总裁应该不能只是用“自我风格”来看待领导风格,或者按照“习惯风格”来定义领导风格的作用,而必须要考虑整个企业在当前的主要特点、主要目标。为了达成这样的目标，每个部门、每个团队应该表现出怎样的行为、可能受到怎样的影响，然后根据上述这些来决定自己采用怎样的领导风格。

例如，我曾经认识某企业的总裁张先生，他向我介绍了自己如何根据实际需要来改变自身的领导风格。

2011 年，张总所带领的企业制定出的战略目标是推出更多的新产品，并赋予这些产品更多的产品创意。因此,张总决定改变自己原有的谨慎决定、抓住细节的领导风格，他在会议上更多强调自由发言讨论，对中层领导提出更多“放手去干”和“尊重创意”的要求，表现出原本并没有表现出的富有激情、注重沟通、强调分享的特点。经过这样的变化，张总的下属们发现，整个企业团队和之前相比，更加看重结果导向，工作氛围也比原来更人性化了。

张总回忆说，如果在当时自己还是保持原有的领导风格，依然沿用原来的那种强调规范管理、刻板严谨的领导风格，恐怕很难去影响整个企业的员工，难以激发他们产生工作上的创新灵感，也就无法获得此后的那些成绩了。

其实，之所以需要正确看待领导风格、及时加以转变，是因为领导风格带来的影响力比起领导权力带来的影响力更加深层次、波及更远。而这样的影响力同领导权力所带来的影响力也有所不同。

领导风格产生的非权力性影响力

非权力性影响力，可以看成总裁自身领导素质、行为特点所形成的影响力，由于这种影响力是自然形成的（而非硬性赋予），因此，这样的影响力并没有正式的规定或者是授予的形式，也没有合法的影响力那种在形式上得到确认的命令和服从产生的有效约束。但是，这样的影响力却会更加广泛和持久。

运用正确的领导风格，可以使下属在工作心理和工作行为上更多转变成顺从的态度和表现，并愿意追随和依赖总裁。这是因为非权力性影响力来自于总裁个人的领导风格，而其领导风格表现出总裁自身的工作品德、知识水平、领导态度、情感魅力，表现出其个人对于工作目标的认识和考虑，同时展现出其个人对于工作业绩和工作效率的要求与看法。因此，这样的影响力特点就在于其“自然性”。

那么，如何利用自身领导风格的推行和变化来影响整个企业呢？首先，当总裁刚刚进入一家企业后，要考虑自身是否有了足够的权力和影响力来推行领导风格。如果当时的下属并没有完全信任总裁，或者总裁还没有足够的影响力来彰显自己的领导风格，抑或前任总裁的领导风格痕迹过于明显，那么就不需要过于急迫地进行风格改革，防止适得其反。而是需要借助整个企业中那些有影响力的员工，并积极取得这群人的信任，从而用企业更加容易接受的方式来塑造自身的领导风格。

其次，要让整个企业的下属理解你的领导风格。这是因为领导风格一旦被人理解，就有更加充分的运作空间，就容易让他人意识到你的领导风格和他们的目标息息相关，此时总裁再去加大力度，用自己的风格向整个企业的行为风格进行推进，那么，影响力提升的成功率就会大为增加。

最后，积极根据前任的领导风格进行调整。总裁不妨对自己的前任进行充分分析，研究其领导风格对整个企业的影响力。如果对方留下的影响力相对较小，就不用太过担心，但如果他的领导风格对企业的影响力存在负面作用，那么就应该采取强势手段及时加以改变。

总之，总裁的领导工作如果失去影响力，将无法成功，而影响力失去具体领导过程的支持，也同样会荡然无存。因此，在改变、调整自身的领导风格上所花费的精力和时间，是总裁必须要承担的工作成本。

三、领导者的6P特质

◎Purpose——领导远见

优秀的总裁在工作中应该表现出怎样的样子？他们的领导行为应该具备怎样的特质？根据我多年的研究和对大量企业总裁工作的观察和体会，我认为，优秀的总裁起码要在六个方面的基本特质上有所表现。其中第一项特征就是Purpose——远见。

什么是领导远见

任何优秀的企业总裁，都必须要具备卓越的领导远见。领导的远见体现在对企业发展战略的制定上，体现在企业长远发展的规划上。在这些方面，领导者如果能够做到充分地高瞻远瞩，并能够真正看到所领导的企业有怎样的优势和劣势，那么，他才能成为成熟的总裁。

拥有领导远见，总裁将不仅可以观察到自身，还能够观察到整个市场的态势、发现竞争对手的优劣，从而不断提高所领导企业的竞争实力，确保企业站在行业竞争队列的前端。

下面来认识一位中国钢铁企业著名的女高管：谢企华。

谢企华，从清华大学毕业后，在陕西钢厂担任普通的技术员。1978 年 10 月，她进入了当时正在筹建的上海宝钢，开始了自己在这个企业长期的职业管理生涯。1994 年，她成为宝钢集团的副董事长、总经理，再到董事长，最终在这样的管理位置上退休。

在对宝钢进行管理的过程中，谢企华体现出了自己作为企业总经理、董事长的卓越的领导远见。1994 年 7 月她成为宝钢集团总经理之后，选择放弃企业的并购路线，而是选择走联合的道路，从行业内寻找联合伙伴。1998 年，上海宝钢集团公司正式成立，成为中国最大的联合钢铁企业。可以说，这一变化正是同谢企华的远见分不开的。

其后，谢总的领导远见更体现在她带领宝钢与竞争对手的直接竞争中，通过这次竞争，宝钢启动了当时中国最大的对外直接投资项目。当时是 2002 年，正是中国刚刚加入世界贸易组织的时候，敏锐的谢企华认为，中国钢铁业虽然是世界上规模最大的，但真正的行业竞争力并不足够强，而加入世贸组织很可能让中国钢铁业受到冲击。果然，不久之后，美国政府通过了相应的条款，导致许多国家钢铁产品无法进入美国市场，大量钢铁产品因此涌入中国市场，使国内钢铁企业利润迅速下滑。由于早有准备，谢企华迅速应对，很快打出两套战略组合拳：第一套是和国内的三家汽车集团签订了长期战略合作协议，从而打造了稳定的国内客户链；另一套则是同国外一些同行进行合作，如与日本的新日本制铁、卢森堡的阿赛洛钢铁公司组建合资企业，从而提高自己的技术力量。另外，谢企华还早就布局了海外办矿，主动对资源进行配置。早在 2001 年之前，宝钢就和巴西有关方面合资办矿，不久后又和澳大利亚的哈莫斯利公司合资办矿，长期寻找稳定的铁矿石资源。

到 2003 年，宝钢在谢总的长远规划下，建立了海外事业发展部。2004 年 1 月，宝钢和巴西有关企业合资兴建了具有 370 万吨产能的企业，成为当时中国最大的海外直接投资企业项目。

这样，在世贸组织规则所允许的框架内，以上海宝钢为主导，中国钢铁业成功化解了这次危机。而这一切，显然和谢总的领导远见无法分开。

可见，在变化的时代背景下，在日趋激烈的市场竞争状态下，为了让企业组织做到持续均衡的发展，企业总裁必须要兼顾当下和未来，这也就意味着，他们必须要能够在长远目标和当前目标之间做到充分的平衡。

如何打造总裁的远见

如上所述，远见是现代企业总裁在领导中表现出的重要品质。富有远见，也是成功企业总裁所具备的共性特征。然而，总裁的领导远见不可能是天生的，而需要积极的开发或者充分的锻炼。总体而言，总裁需要对目前及以后可能出现的问题进行连续的判断、思考。同时，总裁还应该尽早意识到围绕企业、行业以及其他组织的环境进行迅速调整，加以应对，从而适应新的需求，例如改变企业的经营方针从而适应新环境下的竞争压力等等。

具体来说，总裁起码要从以下两个方面来对自身的领导远见加以创造，从而加快领导远见的形成，提高自身的素质。

首先，企业总裁应该树立自身的创新思维。这是因为当总裁试图作出远见性的探究时，他们创新意识的高低、创新思维的成熟度和创新能力的高低，都会对其领导远见造成重要的影响。因此，总裁应该学会选择好自身的思维角度，打破原有的那些思维惯例，只要不违背法律和商业道德，就应该尽量解放思想去看待问题和寻找方法。

其次，企业总裁应该用正确的观察方法来促成自己领导远见的形成。也就是说，总裁应该带有强烈的观察愿望去看待问题，而不是在领导工作中以各种主客观原因为借口而不愿意去观察问题，放弃对细节问题的观察。同时，总裁还应该选择正确的观察对象，这就要求总裁能够选定正确的信息来予以关注。而选择正确的观察角度，也将影响总裁所观察到的对象。另外，总裁仅仅选择正确的观察方法或观察对象还不够，想要获得良好的领导远见，还需要对观察的过程进行细致处理，从而举一反三、见微知著，通过逐步积累起来的观察能力、联想能力使得总裁的远见能力大大提高。

◎Passion——领导热情

总裁发挥领导能力的最终目标，是为了引起员工对他们的追随和服从，而且这种追随和服从应该是自愿、持久且忠诚的。为了实现这样的目标，总裁应该学会去选择正确的方法，而发挥其自身的领导热情则是不可缺失的步骤。正因为如此，一个总裁是否具备充分的领导热情，决定了他们是否具备良好的领导特质。

领导热情更甚能力

不妨让我们来看看军事部队中将领和士兵的关系。虽然士兵对将领的服从应该是组织规定的、无条件的，但是，那些优秀的将领不仅仅能够利用自身的权力去要求士兵，还能够在对团队安危的关心中表现出自身的热情，这种热情将帮助士兵们更愿意服从和追随，因为他们不仅仅是出于自身的安危和责任这样做，也是出于对将领领导热情的尊敬和回报。

有位从S公司来的经理人小徐对我说过这样的话："我们原来的总裁的确工作能力很强，而且我们都能看出来他有工作理想，处理事情非常有条理，和大家合作得也比较愉快。如果他决定带领团队做好一件工作，那么团队一般都能做好。同时，一般情况下，总裁总是将工作和家庭分得非常清楚，只要他休假，为工作就很难找到他。不过，新来的总裁就不仅仅这样了，虽然他的压力很大，但平时很难看到他脸上有那种某些高管表现出的高高在上的严肃面孔，几乎每个人都能看到他的热情。新总裁在工作上更让人佩服，他不仅平时工作勤奋，甚至加班时间也超过许多下属。带我们出差时，他也经常会用差旅费甚至私人掏腰包请我们放松一下。而部门搞集体活动时，只要邀请他，只要他有时间，他就会很高兴地参加。当然，这样的新总裁更受到我们从上到下的欢迎，实际上，在他的领导下，我们公司的业绩上升也更加迅速了。"

其实，就我对这两位总裁的了解，他们并没有太多的能力差异。但事实上，由于两个人的领导热情不同，对下属产生了不同的影响。前者忽视了领导特质中热情的成分，只是将领导工作看作普通的工作，没有意识到自己对待工作的热情会影响和打动下属。相反，新的总裁能够表现出自己对领导工作的热情，而这种热情表现成为其良好的领导特质，并调动员工的积极性。

在总裁的领导工作中，有时候能力反而并不是最重要的因素，这是因为真正可以体现出总裁工作魅力的因素，在于其源源不断的工作热情。因此，富有领导热情的总裁，才有着真正充分的理由去打动员工，获得他们发自内心的追随。

打造领导热情

总裁必须要对自己正在从事的领导工作和领导事业有高度的热情，并着重培养和表现自身专注的信念去搞好领导工作，作出积极的承诺。因此，一个无法用自己的热情点燃下属工作热情的领导，很难做到激励下属，很难有资格胜任总裁的位置。

然而，总裁心中的领导热情很难找到真正的替代物，也很难像某些技能或者业绩那样进行精密量化，但是这样的热情却是总裁带领企业下属完成自身工作目标和任务的重要因素。

当然，领导热情并非一朝一夕就能培养起来，而更为现实的问题是，总裁由于面临较大工作压力、经历过较多工作，很容易因此而在一定程度上丧失了对工作的热情。因此，想要让总裁重新获得工作热情，必须要从总裁自身的行为做起。

首先，总裁应该具体检查自己的行为、表现、工作中的领导形象和生活中的形象，如果发现自己在任何一方面不善于激发下属热情，或者连自己的热情都没有表现出来，那么就要有所针对性地加以改变，从而保证自己能够传递出应有的热情。

其次，总裁可以通过寻找“帮手”来获得工作热情。例如，总裁可以通过寻找下属中的某个员工，或者是自己在生活中的一些朋友、同伴甚至是对手，只要对方的出现、言行能够鼓舞你的情绪，就应该和他积极交往互动，从而恢复自己的领导热情。当然，总裁还可以寻找一些外部因素，例如阅读励志书籍、观看曾鼓舞过自己的电影等等，从而帮助自己回忆起曾经的工作热情。

另外，总裁还可以通过在领导工作中形成共同的“学习小组”来自我帮助。参加你的学习小组的“同学者”都应该是富有工作热情的人，或起码是期待和自信自己能够获得工作热情的人。这样的小组可以定期共同完成工作任务，并在内部制定好任务的目标、工作的方针，并为小组限定好工作的完成期限。当总裁向他们交代好工作任务以后，再要求他们积极报告工作，这样的“学习小组”将会反过来激励总裁获得更好的工作热情。

总之，作为总裁一定要明确：领导热情具有丰富的潜在价值，是能力和金钱有可能无法比拟的。领导热情会形成企业文化中的一种坚定信仰，并成就整个企业事业成功的基础。

◎Place——自我定位

在总裁的领导过程中，应该非常清楚自身在企业内扮演怎样的角色。这些角色将会形成总裁在工作中的具体要求，并为自己提出相应的工作内容和工作标准。因此，总裁对自我应该加以清醒地认识和衡量，并突出自我定位在领导工作中的意义。

不同的角色

通常，总裁在组织中虽然只有一个，但是，由于他处于组织的核心地位，因此总是会面对不同的领导对象。这样，总裁就会承担起不同的角色。

具体来说，总裁扮演着下列的角色：

面对下属时，总裁首先扮演着主心骨的角色。下属总是将总裁看作自己的带路者，他们习惯于将自己在组织中承担的工作责任、发挥的工作力量等等选择权部分甚至完全地交付给总裁，从而在总裁的带领下跟随前进。当总裁指向某个工作方向时，他们就会基本上认定总裁提出的方向，而跟随前进。这样的角色直接将总裁推向了肩负重大责任的地步，因此导致对这种角色不能有丝毫马虎。其次，总裁在面对下属时，还会扮演着道德示范和工作教练的角色。这是因为下属总是认定作为总裁的你，应该是道德上圆满的，应该胸怀广博、关心下属、毫无私心、公平合理、奖惩分明乃至私德无缺……因此，总裁面对这样的要求也应该做到提高自己的工作道德标准，并真正维持好企业组织的秩序，保护绝大多数成员的利益。另外，总裁在下属面前还扮演着裁判和协调的角色。这是因为基于前面所说的那种信任，下属总是希望总裁能够帮助他们充分协调好企业内部的各种复杂关系（特别是利益方面的关系），而下属同时还希望总裁能够对任何他们所发现的问题加以评判。

当然，上述这些角色原本就是总裁应该负担的，但在下属面前，他们却常常有可能表现得并不令他们满意。除此之外，总裁还需要在下属面前扮演好处理组织内部人际关系的角色、担任指出下属问题并进行辅导的角色和对企业文化进行身体力行的示范者角色。由此可以看出，总裁自身在下属面前的一举一动，都和他们对角色的期待有关系，而总裁也应该以这样的角色期待来定位自己。

而在面对整个企业组织时，总裁还扮演着下面几种角色：

首先是组织心脏和大脑的角色。这是因为总裁始终处于组织中心，并成为组织的思想核心从而引导组织的文化、组织的行动；其次是引路人角色。总裁具体决定着组织的前进方向，同时还经常提醒整个组织对于航向偏差的纠正，从而确保组织机构沿着明确稳定的路径去达到目的。另外，总裁还是组织机构内部的维护者，他们需要经常作为组织的领导主体来对组织内部的问题进行发现、诊断，并进行迅速、充分而必要的治理，确保组织机构健康完整。最后，总裁还是企业组织机构的代表人物，也是对内对外的具体象征人物。

总裁只有先明白自己应扮演好上述角色，才能对自己的领导定位过程加以严格要求，并表现在自身的领导特质上。为此，总裁需要明确具体地找出领导定位的基本条件。

领导定位的条件

总裁如果想要充分良好地表现出自身的领导特质，并做好领导定位，就必须要寻找到相应条件，同时，能够积极做到这些条件中所需要具备的不同要求。这些要求和条件实际上并不应该加以分割，因为一旦满足了要求，实际上就是具备了应有的条件，而具备了应有的条件，也就是做到了相应的要求。

具体来说，总裁应该做到下面几个方面：

首先，努力让自己具有优良的领导素质，可以说，这是帮助自己做好领导定位的内在条件和基础条件。其次，努力打造企业内部的优良组织结构，只有当结构获得完善，总裁才有充分的平台来打造自身的领导定位。再次，构建优良的领导机制和体制，通过这样的机制进行运作，总裁才能借助充分的外力来实现自身的领导定位过程。当然，在具体履行领导定位过程中，确定充分的物质和文化基础，选择适当的领导对象和环境，也是总裁需要优先考虑的部分。

◎Priority——优先顺序

不少企业的总裁在和我交流时曾经发出如此的感慨：“有两件事情，是我们刚开始从事领导工作时所最不熟悉的，那就是如何按照事情的轻重缓急来决定对其思考和行动的次序。”实际上，影响领导特质的重要因素就在于决定工作的优先顺序，这种判断和决定优先顺序的能力，是企业总裁成功的基础，也是形成良好领导特质的关键。

优先顺序的重要性

有些总裁似乎没有意识到决定工作优先顺序的重要性，他们甚至觉得既然自己成为了企业组织的最高领导者，就没有必要花费太多时间在具体安排工作顺序上。但看看L公司的何总，就会明白安排好领导工作顺序的重要性：

何总似乎一直是公司中最忙乱的那个人，虽然他有自己的助手，还有不同部门的经理人，但他仍是一天到晚都有做不完的工作，经常是每件工作都无法完全跟进做好，这让他的下属感到相当担心和烦躁。

究其原因就是，何总想要亲自处理的工作确实太多了，除了企业的战略发展规划之外，大多数企业日常的工作他都要具体过问，工作到深夜那是经常发生的事情。即使这样，他还是发现自己有不少工作无法完成好。

经过深入反思，何总发现，产生这种问题的原因在于自己并没有意识到工作效率和工作优先顺序的关系，或是说虽然自己很早就意识到了，但并没有真正体现在领导工作过程中。对于他来说，目前最大的问题就是总感觉有太多事情积压在下一步，使得自己不知道从哪里下手，往往是这一件工作还没有做完，另一件事情又得开始，不得不花费太多时间在犹豫和选择中，从而忘记了自己原来制定的领导目标。

不少总裁之所以总是在抱怨繁忙，其实更多原因在于他们缺乏足够的决定优先顺序的能力，难以解决工作领域之间的冲突。对于他们来说，需要先充分重视领导工作的优先顺序，学会按照工作的紧迫性来决定先后顺序，在时间压力的情况下，将自己最需要进入的工作加以列出，这样才能做到真正富于领导力，并形成自己鲜明的领导特质。

决定优先顺序的方法

当然，学会决定优先顺序的方法很多，但形成自己的领导工作习惯是有一定难度的。这不仅需要总裁能够学会具体的决定优先顺序的方法，还需要他们能够不断在领导工作实践中对这些方法加以具体应用，并形成经验。

首先，总裁应该学会利用“20 ：80”定律，也就是说，如果总裁能够将自己的领导时间、领导精力、领导资源等集中在最重要的 20% 的工作上，就能够获得占据总成果 80% 的领导成果。因此，总裁应该积极判断出哪些工作是最重要的，并决定将自己的哪些时间、精力和资源集中在这 20% 的工作上。

其次，总裁应该学会对工作按照不同维度进行分类，这样才能分清主次，从而避免事倍功半。具体而言，领导工作的优先顺序可以按照重要和紧急的两个维度进行决定。最重要和最紧急的工作，应当首要解决；重要而不紧急的工作，应当及时排出时间表，并按照顺序逐一解决；紧急而不重要的工作，应当以最快捷的方法及时完成，但并不需要自己分配出过多注意力；不紧急也不重要的工作，可以授权给下属，自己稍稍过问即可。

另外，对于工作的优先顺序，并不应该是一成不变的，总裁应该学会合理分清主次，进行及时的动态评估。这需要总裁每个月能够及时评估自己的工作顺序，并分清楚其中的领导责任、领导回报，从而及时增加或者削减下一段时间的领导工作任务。

最后，总裁需要懂得对领导工作的取舍。这是因为工作中总会有需要放弃的事情，而因为这些小事导致重要领导工作的受损是得不偿失的。因此，总裁不妨积极行动起来，挑选出那些不值得自己亲自过问的工作，然后放手让他人去做。

◎People——人才经营

著名的企业咨询公司麦肯锡公司曾经作出这样的预言："整个世界将会陷入一场人才争夺战，寻找到最优秀的人才，将会成为一场不会停止而且代价高昂的战争。"事实上，获得人才才能获得实力，进而获得市场的认可。因此，任何总裁如果无法从战略高度、从确认自身领导特质的角度来看待人才经营的问题，其领导工作就都可能遇到无法克服的瓶颈。

人才经营是重要战略

无论是对于企业整体，还是对于总裁个人来说，人才都是最重要的资源，通过经营获得怎样的人才，将关系到总裁通过怎样的方式来经营自己的领导工作。因此，缺乏真正人才观点的总裁，迟早会因他们对人才的忽视而付出无法弥补的代价。

总裁应该明白，真正优秀的领导绝对不会忽视下属和员工的长远意义，他们不可能是在总裁需要时就能够得到利用的一次性资源，相反，总裁应该将他们当作真正的伙伴来看待，将他们当做长远的资源来加以经营和投资。

玫琳凯公司的总裁玫琳凯，就因为其著名的人才经营战略而受益：

玫琳凯是在美国创立的化妆品销售公司，其创立人玫琳凯在四十多岁以后才开始真正创业。这位总裁对于化妆品并不了解，但她依然迅速将玫琳凯建设成为化妆品界的巨头，打造成为整个美国百强企业中的一个，而追溯其原因，就在于其对人才的经营战略。

1963 年时，玫琳凯买下了自己的第一个化妆品配方，此后第一件事情，就是寻找到当时最有名的化妆品制造企业，并到处寻找最好的人才来负责同制造企业沟通、联系的具体工作。为此，玫琳凯公司不断招聘和培养那些技术型人才，以及财务、法律和市场营销等方面的专业人才。玫琳凯总裁认为，不断引进的人才，能够持续为自己的工作、企业的发展增添资源和力量。而为了获取这些最优秀人才的加盟，她也经常用高于市场普遍薪酬的报酬来吸引人才，并通过对企业利润分成的计划打造出一支工作能力出色、工作效率极高的企业员工队伍。正如玫琳凯自己说的那样："价廉者不是人才，人才必然不菲。"正因为玫琳凯将人才经营看作总裁必须投入时间、精力和金钱的投资，她才打造出属于自己的化妆品帝国。

结合玫琳凯的案例，观察今天的企业总裁们，就可知为什么他们经常感到自己缺乏人才了。首先，是因为真正主持人才经营的并不是适当的"经营"者。一方面，总裁对人才的质量缺乏必要而充分的重视；另一方面，负责人才招聘、经营和管理的人并不是工作经验成熟、工作方法优秀的伯乐，而只是简单地将人才经营等同于员工人事管理的普通管理者。应该说，这样的问题既影响了总裁的人才经营，也来自于总裁错误的人才经营理念。

其次，总裁在人才的投入方面相对较少，总裁往往看重企业的硬性投资，而不愿意花费足够的代价来邀请优秀人才加盟。

最后，总裁所提倡和制定的分配机制也可能无法跟上时代的发展、人才的需要，这常常导致原有的优秀人才会被竞争者挖走，或者直接导致人才的流失。当然，还有一种原因在于总裁没有在企业内部建立健全人才培养系统，导致人才经营的断裂。

面对这些情况，总裁必须意识到改变人才经营方法的重要性，并通过积极的改变来提升自己的领导特质。

人才经营的方法

总裁想要做好人才的经营，需要懂得在不同层面上加强对人才的吸引、运用和培养。具体来说，包括以下五个方面：

首先是准确地吸引人才。总裁应该从始至终将人才吸引作为企业的重要战略来对待，这就需要总裁为人才提供充分表现的舞台，并打造出合理而规范的员工管理体制，从而做到对人才给予充分重视。例如，总裁可以吸引那些其他竞争对手没有重视的人才，可以巧妙地通过兼并小企业来获取人才队伍，也可以同猎头公司合作来获得人才，或者同教育机构合作来得到储备人才等等。

其次是灵敏地判别人才。总裁应该懂得利用招聘的方法来获得人才。这是因为总裁的领导力内核在于准确挑选人才，而不仅仅是缓慢地训练人才。因此，总裁起码要花费25%的工作时间和精力用于人才招聘过程中的判别上，一旦准确选择了人才，培养人才将会取得水到渠成的效果。

再次是通过愿景来整合人才。总裁易犯的错误就是手中有着诸多人才，但却难以整合、各自为政。因此，总裁应该在充分沟通的基础上，为人才打造出长远且可望实现的愿景，从而刺激他们产生共同的明确目标，进而获得人才团队的团结一致。

除此之外，总裁还应该适当关注人才自身的工作愿望。马云曾经说过，员工人才流失只有两个原因：要么是金钱利益，要么就是看不到未来。而想要让人才在你的企业能看到未来，就要为他们设置必要的岗位，确保他们在不满足于目前状态时能到自己想要的工作职位上，这样，企业就会从以工作为唯一重心转移到以人为本上，关注人才经营中人才的成长、人才的发展。

最后，总裁要学会通过经营人才来直接获得人才。例如，采取员工培训制度、岗位流动制度、职位接班人制度等等，实现人才的不断创造和成长。

◎Power——领导权力

自从人类出现组织以来，组织的核心领导和领导权力就是紧紧关联的。归根结底，一个领导者有多大的影响力，既和领导的能力、领导的风格有关，也和领导权力的大小有关。但是，不少总裁虽然在职位上待了很久，却并不了解自己真正的领导权力，对领导权力的来源也缺乏认识。

领导权力反映领导特质

总裁如何看待和运用其领导权力，能够反映出其身上的领导特质。这是因为总裁对权力如何加以掌握和运用，能充分表现出其个人对员工和企业的影响力，因此，权力的运用，也往往决定了总裁个人的影响力大小。而总裁的个人影响力是其在人际交往和工作中能够影响和改变下属行为、表现的具体体现，它既来自于领导的特质，又能体现出总裁的领导特质。

因此，领导权力如何运用，无疑和领导在他人眼中的特质是紧密联系的。我们可以从美国一家会计师事务所的总裁马修的领导经历中看到这一点：

马修在1994年从美国芝加哥大学的会计专业毕业，获得了学士学位。这一年，他来到一家全美大型的会计师事务所芝加哥分支机构工作，开始自己的职业生涯。

两年后，由于马修工作表现出色，猎头公司找到他，邀请他去纽约的一家不算太大的会计师事务所担任总裁。这家事务所隶属于纽约的一家集团，主要负责的工作是对企业进行审计，显然，这样的工作要求整个事务所的员工拥有良好的判断力和控制力。为此，马修在担任总裁之后，要求工作人员相互之间用平等的称呼方式，同时鼓励各个级别的员工都能积极参与到决策制定和工作研究中。事务所发展得相当不错，一年后，事务所的专业员工已经上升到了30名左右，而马修也被集团的董事会认为是很好的公司总裁。

2000年，马修被任命为达拉斯的另一家会计事务所的总裁，他同样采取了自己在纽约工作时获取了显著成绩的领导权力。到任之初，他立刻对这家业绩一直亏损的会计师事务所的专业人员进行了全面更换，并利用权力制定了短期内和长期内的客户开发计划。事务所职员人数不断增加，这是为了确保有足够的人力资源来处理那些预期中会有所增加的业务，很快，整个事务所的员工数量上升到了40名左右。然而，马修发现，经过这一番改变，整个事务所不仅没有得到更多客户，反而丢失了两个最好客户。他意识到自己对人员的扩张太快了，于是决定解雇新招进来的12名员工，从而有效减少开支。虽然马修使用了这样的领导权力，但他相信挫折只是暂时的，因此继续采取了自己的策略发展企业。但是，之后的数月内，他又解雇了事务所的6名员工，情况并没有得到好转，于是，他接着进行了解雇。这两次裁员导致马修的领导特质在这里受到了怀疑，集团的董事会了解之后，将他调到另一处已经经营得不错的事务所，马修对领导权力的利用在那里取得出了很好的效果。

当然，马修在具体的工作中采取的对领导权力的运用方式是存在争议的，但有一点需要看到的是，正因为他坚持按照自己的风格特质来运用领导权力，才获得了董事会不断的认可和了解，从而被放到了自己可以获得更大成绩的平台上。这说明，只有充分运用了总裁手中的领导权力，才能表现出自身的领导特质。

如何运用领导权力

那么，怎样充分运用好领导权力，以便更好地塑造、展现领导特质呢？这就不仅仅需要总裁能够了解什么是领导权力，更需要围绕领导权力的来源基础选择好运用的方法。

具体来说，总裁可以通过以下原则来运用自身领导权力：

首先是谨慎用权原则。虽然作为总裁大权在握，但在任何情况下，总裁都应该谨慎用权，无论是用权力进行奖励还是惩罚，都要记住千万不要产生误解，不要令下属认为你在炫耀或有意高高在上。忽视这种原则，将很容易导致领导权力应用进入误区。

其次要做到依法用权。在对企业的领导过程中，总裁要坚决按照企业的制度来进行权力运用，将一切权力都置于企业制度所限定的空间中加以运作，从而保证自身的权力运用始终能够受到制度的约束，防止因为个人原因而破坏企业制度、造成领导特质的破坏。

最后是保证务实和公开的原则。例如，对人员提拔或处理失当、过于追求表面业绩或产生奖惩不公现象等等，都是因为违背了务实原则，从而会对总裁的领导特质产生破坏作用。另一方面，如果在运用领导权力时缺乏必要的透明度，那么其产生问题的可能性也就更大，因此总裁要懂得适当“暴露”自己的权力运用过程，做到主动维护自身的优秀领导特质。

四、权力＝你可能的影响力

◎五种权力基础

总裁想要达成一定的工作目标，权力是必不可缺的手段，是对目标予以实现的充分保障。然而，总裁虽然拥有权力，但并不代表他必然能够将权力真正使用到位、产生效果。因此，拥有权力的前提是清楚领导权力的类型。

权力的基础类型

领导权力是影响力的一种来源，而从领导权力本身来看，可以将之看作总裁能够维护组织有效运行的重要因素。通常，研究学界将领导的权力分为以下五种：

首先是法定权力。这种权力是整个企业中的制度所赋予的正式权力，它被整个组织、法律和传统习惯乃至整个职场道德所认可，因此具备强加性、不可抗性，并以外部力量的形式发生具体作用。例如，总裁安排下属具体从事某项工作等。

其次是奖赏权力。这种权力是总裁具有发放或者收回给下属奖励和报酬的权力。例如，对优秀员工增加工资和提升级别的权力等。在这种权力的运用中，下属是否期望获得奖励，是这种权力能否产生效果的关键。

再次是强制权力，即指通过在精神上、情感上或者在物质上给予压力，从而强制性地要求下属做出服从态度的权力。这种权力可以表现为总裁对员工的惩罚，以便让员工必须扮演某种角色。当然，强制权力的使用很可能会产生一些消极负面的情绪，甚至是私下或者公开的报复行动，因此对于这种权力的使用应当更加谨慎。

除了上述三种权力以外，总裁还应该注意两种并非和职位共同而来的权力。其中，第一种是专家权力，这种权力来自于总裁对某一领域的专有研究的身份，发源于总裁的工作经验、专业特长和信息优势，并表现为对整个企业员工所给出的技术方面的指导、建议和忠告。另一种权力则是参照权力，这种权力来自于总裁自身所提供的工作示范，能够对员工产生充分的吸引，并作为员工对比自身工作的参照。

运用好不同权力

分析出上述五种权力的不同来源，总裁应该做好以下三个方面的工作：首先，积极对自身日常领导工作的权力来源进行分类；其次，积极地理解自己为什么会受到不同方面的影响，并决定自己是否注重其中某些来源的影响；最后，还要正确地对自身权力来源的基础进行使用和开发，从而以最好的效果来打造自己的领导权力。

我们可以客观地分析日本某商业机构总裁山田先生的领导权力运用，从而可以更全面地了解上述要求：

山田总裁总是习惯于要求员工们在下班前将办公桌上的文件清理好，然后整理出可以带回家的工作，放进包里带回去做，他是这样要求员工的，也是这样要求自己的。同时，山田以他对员工要求严厉著名，员工如果违反了公司的制度，甚至员工只是违背了山田的习惯，都会导致他的动怒乃至破口大骂，而对于那些工作中虽然没有犯错，但却表现不出应有积极性的员工，山田也会加以恶狠狠地批评。当然，事后山田会给予反省和道歉，会向员工解释自己发怒的原因。

虽然山田看重自己的领导权力，但企业员工并不因此而讨厌他，这是因为山田不仅注重权力，也注重自己的示范。他经常是自己去做最艰苦的工作，作出示范，对下属给出无声的要求。例如，曾经有一次，为了能够招待好中东来的客户，山田专门到酒店后厨，亲自和厨师长核对食物、讨论口味，并当场嘱咐下属记下厨师长意见以备将来使用。可以说，客户虽然没有看见，但在场的所有下属都被感动了。

案例中，山田的领导权力主要侧重于使用五个基础来源中的法定权力、强制权力和参照权力，虽然其他方面的权力他运用得不算太好，但是，由于正确使用了上述来源的权力，因此总的领导效果还是相当不错的。这也给我们以充分的启发：对于五个基础来源权力，可以分清层次，并加以重点利用。

◎权力的运用技术：权术

毋庸讳言，领导权力和任何一种领导工具一样，都需要技术的支撑。而当领导权力通过权力技术的方法加以表达和运用时，就容易令人产生并不完全良好的印象——“权术”。权术真的是那么令人唾弃和讨厌么？事实并非如此。如果运用“权术”是为了让整个企业的长远利益、更多员工的整体利益获得保障和提高，是为了让总裁个人的工作事业得到提升，那么，这样的“权术”显而易见是有益的，也是必须的。而掌握这样的权术，则是每个成熟总裁所必须学习的课程。这也就是为什么本来是跟随职位而来的权力，在不同的总裁手中运用起来结果却完全不一样——这就是权术差别的表现。

权术是领导的艺术

实际上，权术有一个更容易被大家所接受的名字：领导艺术。所谓领导艺术，是指总裁在对领导权力的运用上所表现出应有的创造性、有效性。一方面，要通过创造，实现对领导权力的自由创造；另一方面，要通过领导实践活动，来反过来检验自身对领导权力的运用，并进行积极的修正。

因此，权术实际上是跟随总裁个人特点而走的，是因人而异的。世界上不可能有完全相同的总裁，也不会有完全相同的领导特点，更不会有相同的领导权术。那些能够做到抓住问题的主要矛盾的总裁，可以说是掌握了真正的权术。

下面是一些最主要的权术组成部分：

用人的权术——善于利用不同人的长处，不仅看到他们的长处，而且知道在什么时机去激活他们的长处，同时懂得对他们的长处予以适度地运用；善于利用每个人的爱好，看到他们的兴趣点，并利用这些兴趣点去吸引他们工作；善于利用不同下属的变化，利用好他们的专业和成长。

决策的权术——在决策前做好调查和准备工作，弄清楚情况，摸清楚下属的想法；在决策过程中注意让不同意见出现，从而进一步了解问题所在；在决策后努力抓住落实的过程，抓好实施的关键人物，同时不能朝令夕改。

处理事情的权术——做好总裁应该做的事情，想办法不去做那些不该总裁做的事情；多看到企业的整体未来，并做好影响长远的重要事情。

协调关系的权术——经常同企业董事会进行沟通交流；经常采取谈心方法

来消除下属的误解；对外界既要保持争斗也要保持礼让，从而做到协调稳重。

除了这些权术以外，总裁还应该具备运用时间的权术、运用金钱的权术、沟通交流的权术等等。当然，对这些权术的学习和了解，并不仅仅局限在我的课程上，在学习之后，总裁们还应该注重相互之间的交流、考察和研究，最重要的在于能够充分实践，做到理论和实践加以结合，才会获得成功。

怎样运用好权术

仅仅了解什么是权术并不足够，总裁应该懂得如何利用好权术。下面的方法能够帮助总裁起步入门去了解权力的运用方法：

首先，要让运用权术的过程显得更加合理。例如，想办法用事实和数据来表达自己对问题的看法和态度，从而让下属认同你的看法是合理的，并因此接受你的想法。

其次，可以运用自己和下属之间的私人情感。例如，选择双方的共同点加以强调，或者给予对方正面的评价，在你和下属之间尽量建立起良好的友谊，从而利用这样的友谊推动工作。

最后，还可以利用你和下属、下属和下属之间的共同利益。例如，让某些部门的经理能够在你的促成下结盟，这样，他们会认为身为总裁的你是在支持他们的工作，而实际上你的领导权威已经无形中予以提升了。当然，也可以让下属以平等谈判的方式坐下来，争取上下级之间的双赢，通过这种方法来给下属带来平等感觉，从而有利于解决问题、运用领导权力。

另外，总裁还可以运用好自己合法的强制权力，采取下达硬性指标的方法，要求下属在某些时间段必须完成某些工作，以指标的方法体现你的领导权威，运用好你的领导权力。这种方法如果形成规范化的约束，也就是采取制度和规则来对企业中的下属加以约束，从而保证他们有统一而有效的制度标准和体系标准。

总之，权力艺术运用的方法很广泛，需要不断地推敲探索，抓住其最关键的根本即正面引导企业和下属的原则，这样，总裁的领导权力才会被使用到淋漓尽致而不逾越规矩。

◎影响权术选择的权变因素

根据我的工作实践和研究表明，并不是每个总裁都会平均地使用自己的不同领导权力，这也意味着他们各自的权术运用侧重点是不一样的。之所以出现这样的情况，在于每个总裁所注意到的影响其权术选择的权变因素不同。

权变因素影响权术选择

根据我的分析和总结，有四种主要的权变因素影响权术的选择，分别是：总裁自身相对于下属的权力；总裁希望通过自己的权力运用获得怎样的目的；总裁对于下属有着多高的服从期待；总裁对于整个企业文化的建设有着怎样的看法。

不妨来看看总裁是怎样利用这些权变因素的：

首先，总裁利用自己对于下属的相对权力来影响自己的权术选择。从我对大量总裁行为的研究结果中可以看出，那些握有大量富有价值的资源的总裁、占据着企业内支配性地位的总裁，比起那些资源较少、实际地位较低的总裁往往能够运用更多的权术，而且能够更为熟练、更为准确地利用硬性指标等方法来进行领导工作。据此，可以认为，绝大多数的总裁都希望将领导工作变得更加简单、更加合理，而如硬性指标之类的领导权术策略则来自于总裁是否能够运用好手中的相对权力。这是因为，当下属看起来想要拒绝部分领导，或者不太愿意服从领导时，那些有着强大相对领导权力的总裁通常都会从坚决的态度转为必须的态度，并体现为权术上的硬性指标，而那些相对领导权力较小的总裁，则通常更加容易受到下属的抵制，更加容易因此而放弃努力、停止行动，这是因为他们发现如果要运用硬性指标的权术，对他们来说付出太多而且难度太大了。

其次，总裁还会因为自身对目标的设定不同而选择不同的权术。当总裁想要从董事会那里获得更多支持时，他们有可能依赖情感类型的权术来促进自己的人际关系。而当他想要说服下属去真正接受其指导时，则会运用合理化的方法，让下属接受自己的思想方法，并产生好感。这些不同的权术表现，背后则是不同时期、不同类型的目标对总裁所起到的作用。

再次，总裁对于成功有多大期待，也会影响到他如何去选择权术。我发现，当总裁觉得自己的策略有着较高的成功率时，他很有可能去选择那些直截了当的权术，利用简单甚至粗暴的领导方法来获得下属的服从。反之，如果成功率表现得并不高时，总裁则更加愿意运用强硬指标之类的权术和更为规范的制度来达到目的。

最后，企业文化是各具特色的，而其中的差异也会很大。例如，在某些企业中，员工之间的关系相当和谐，气氛轻松而且相互支持。但在另一些企业中，气氛则相对正规和保守。这样不同的企业文化，显然会对总裁权术的选择有着相当明显的影响。例如，一些企业的文化会支持和鼓励总裁使用情感类型的权术，而另一些企业的文化则偏重于对合理化的权术加以鼓励和支持，那些传统的企业则更多依赖规范化的权术、硬性指标的权术。因此，企业的组织文化是对总裁使用权术的重要影响因素。

在明确上述权变因素之后，总裁有理由去学习如何利用好这些因素产生正面影响，而不是导致负面影响。

如何利用权变因素

虽然权变因素对于领导权力的使用相当重要，但这并不代表仅仅靠它就能利用好权术。实际上，运用权术的过程，是总裁对上述权变因素加以正确认识、合理利用的过程，如果对因素利用得当，那么，就自然能取得良好效果。

总裁可以从下面三个角度去正确看待和利用这些因素：

首先，将这些因素对权术的影响看作对总裁自身工作的影响。总裁往往容易形成错觉，即权术是用来“管理”他人的。实际上，权术的利用也是对总裁自身工作的改变和提高。因此，总裁要学会将自身职业生涯同权术影响因素加以融合，站在加强自身工作能力的角度来看待这些因素并予以利用。

其次，总裁应该努力发现这些因素之间的联系，并予以充分利用。这是因为，企业的组织文化会影响到总裁的相对权力的大小，而总裁对目标的设定也会改变他对成功的期望。因此，总裁必须看到四方面因素并非是孤立的，而是相互影响的，只有对它们加以充分联系之后，才能认识到自身领导权力受到的综合影响，并根据这样的影响作出自己的领导行动。

最后，总裁不妨着手先改变这些权变因素。应该看到的是，这些对总裁领导权术能产生影响的因素并非一成不变，如果总裁发现它们存在着负面影响，那么不妨先利用权术对其加以积极的改变，使之产生正面的影响。例如，从对企业文化的改造起步，帮助自身打造出良好的权术空间，或者努力提升自己面对下属的相对权力，以便获得更多的领导权术类型。

◎影响领导绩效的三个因素

总裁领导绩效的高低，不仅仅来自于总裁自身的工作，同样来源于下面的因素：总裁所面对的具体下属、总裁在领导工作中所面对的群体、总裁所设定的具体工作目标、总裁所身处的组织等等。实际上，影响领导绩效的因素可以概括为总裁个人、下属和具体环境三大因素之间的互动。这是因为，即使是再优秀的总裁，如果缺乏良好下属去工作，也同样无法完成领导目标；同样的，即使总裁和他的下属都很优秀，但企业缺乏必要的优秀文化，或者缺乏必要的工作环境，也同样难以完成工作目标，难以形成总裁的工作绩效。

领导绩效的表现

对于总裁来说，领导绩效有着多方面的表现和定义。从最简单的层面来看，领导绩效高低，首先可以表现为企业中下属对总裁命令的反应。

下面是下属对总裁命令反应的基本类型：

积极反应——主动承担、完成和提交总裁布置的工作任务；

消极反应——被动地对总裁指定的工作加以服从；

负面反应——抵制、反对总裁的工作引导和命令。

除此之外，下属对于总裁行为的心理反应也会多种多样，包括：尊敬态度、赞赏态度或者是与之相反的抱怨态度、争论态度乃至敌意态度等等。

当然，如果下属对于总裁行为的心理反应是积极的，那么就很容易表现出良好的工作责任感、积极性、工作激情和工作创新意识。而如果他们的心理反应是相当满意的，并能够表现为对总裁工作指令的追随，那么，总裁的工作绩效就是较高的，反之，则是相对低下的。

其次，领导绩效还表现为企业中整体组织绩效的高低。

根据我的观察，在企业中，良好的组织绩效总是通过具体的指标和数字来予以表现的。例如，如果一个企业利润在不断增长，员工收入在不断增加，生产成本不断下降，同时企业在市场中的地位不断提高，企业作出的投资收益不断增加，那么，就可以认为总裁的工作绩效在不断提高。反之，如果企业组织各方面出现下降，那么，总裁的领导绩效当然也在下降。

最后，总裁的领导绩效还可以表现为总裁领导权威、地位上的变化。

一般来说，如果总裁在企业内的实际领导地位和领导权威总是能够得到充分的支持，那么其领导绩效就是在获得稳定和提高；反之，当总裁的实际领导地位和实际权威在下降时，就说明其领导绩效开始动摇和下降。

另外，总裁的领导绩效如何表现，也体现出了不同总裁的工作动机和目标不同。有些总裁将完成企业实际工作任务、组织战略使命作为自己工作绩效的目标，而有些总裁则认为自己的工作绩效重点应该在保持对企业员工心理状态和行为反应的控制和引导上，还有些总裁则追求个人的职位、薪酬的提升，以此来衡量自己的领导绩效。不论是其中哪一种，总裁的工作绩效都能够反映出他们不同的工作价值和工作目标，以及组织制度和组织目标的差异性。

工作绩效的来源因素

评估总裁的领导绩效，首先要重点关注总裁在领导工作中表现出的个性风格和绩效之间的重要关系。其中包括总裁的个人品德、个人目标、人际关系处理能力、知识技能、个人魅力等等。

其次，还应该关注总裁所面对的领导环境因素。其中首先包括被领导的群体因素，为此，总裁所需要做到的是用最快时间抓住企业中的领导团队，使得其内部成员能够协同合作且职责明确，能够让自己取得这样的领导团队的充分信任并相互配合。同时，还要注重通过工作目标来引导整个企业的员工去积极工作，从而创造出良好的工作绩效。

最后，需要关注被领导者的因素。例如，被总裁领导的各种资源如人力、物力和财力，是否能够获得准确、科学与合理的搭配，是否能通过充分的组合从而创造出良好的工作绩效，这就需要总裁提前作出自己的判断，并能够在消耗最小的领导力量的前提下做出准备和行动，从而获得较高的领导工作绩效。

当然，上述三方面的因素并非完全是决定领导绩效的因素，但任何一项领导活动都会产生绩效，而绩效的好坏，也受到了多方面影响。总裁能否将不同的工作因素按照各自发挥作用的大小进行分类排序，创造出最佳的时机来提高绩效，是其对未来加以开拓的关键性步骤。

第二章

诊断技术：员工的成熟度如何

五、衡量员工发展层次的两把尺子

◎什么因素影响员工完成任务

我的一些总裁学员经常会遇到这样的情况：他们每次给下属布置完任务以后，总会不同程度地陷入惴惴不安的状态中，有时候，这种状态证明确有其事，员工无法良好地完成工作。但有时候，这种担心最后又表现为多余的，员工很好地完成了工作任务。有时候，甚至是同一位员工，在不同的工作任务面前表现出截然不同的过程和结果。这种情况让不少总裁或多或少地感到费解。

员工完成任务的结果不同

总裁应该先接受这样的事实：由于员工是彼此不同的，他们对任务完成的结果必然不同。即使是同一名员工，他们在不同任务面前，也可能是完全不同的执行主体，并提交出不一样的任务结果。

不妨看下面这个发生在现实企业管理过程中的案例：

曾经有一家销售电脑的企业，打算招聘采购业务主管，有三位应聘者通过初试，进入企业总裁亲自负责的面试中。由于这个职位只需要一个人，于是总裁交给这三位应聘者同样的任务：请他们去市场，对卖得最出色的电脑产品进行价格和质量上的调查，并要求他们在第二天就作出详尽的报告。

第二天，三个人进行了市场调查之后，前来汇报。

第一位应聘者说，自己在市场中认识一位做营销的朋友，自己已经和他约定好了，可以从他那里得到详实的销售数据。不过，对方现在有点忙，只有等到晚上请他吃饭再联络下感情，明天才能拿到真正的结果。

第二位应聘者说，自己第一时间去详细调查了市场情况，将其中销量最好的产品的价格、质量一一作了详细的记录，而且形成了调查报告。说完，他上交了自己的这份调查报告。

第三位应聘者说，自己和前一位应聘者一样，同样是详细调查市场情况，然后将最畅销的电脑价格和性能特点都全部仔细地记录下来。另外在走之前，他还和总裁助理确认了调查整体的目的是为了选择确定业绩良好的电脑生产厂家，于是，他还通过电话咨询了两家电脑生产厂家，然后详细记录了他们的电脑价格和质量性能。

最终，第三名应聘者成为这家企业的采购主管，原因非常明显：他完成任务的结果和其他两人不同，因此足以表现出其在采购方面的能力和愿望。换言之,也正是因为他有不同他人的工作能力和工作愿望,才得到了良好的工作结果。但另一方面我们还应该看到，前两名应聘者的工作能力和工作愿望或许并不能确保在采购工作上得到良好结果，却有可能适合企业的其他职务。

这个案例说明，不同的员工之所以在完成任务时有不同结果，原因就在于其背后的个人因素发挥着不同的影响，而总裁的领导工作也因此有相当部分的内容需要关注并评价这些因素。

正确评价员工

总裁的工作始终离不开下属员工，而对下属工作的评价也离不开总裁的参与。但是，不少总裁并不习惯发挥个人领导能力来评价员工，而是更希望将这样的工作完全放手交给企业的人力资源部。但问题是,缺乏对员工的评价，就无从判断员工究竟能完成怎样的工作，这样不仅会伤害员工的工作积极性，也会伤害整个企业和自身的工作前途。因此，总裁必须抓住重点来评价员工完成任务的结果，以及分析其背后的原因。

首先，总裁应该建立对下属的全面系统的评价策略，这就需要总裁提前了解影响下属工作状态、工作结果的具体因素，并能够在日常工作中就积极观察，这样，真正用来评价下属所消耗的时间和精力就会减少，相应的领导压力也就会减少。

其次，总裁应该持续对下属进行评价。这是因为对下属的认识和评估并不是一段时间内进行的工作，而应该是持续不断的。这就要求总裁能够始终关注影响下属完成任务的重要因素，不断作出动态的评估，才能得到准确的策略来加以应对，并力求实现将具体任务和具体工作人员之间进行最好的对应选择安排。

最后，总裁还应该学会对绝大多数员工进行两方面（积极和消极）的评价,这是因为影响员工工作结果的因素中,很大部分来自于个人的能力和态度，而这样的能力和态度不可能是人人相同的，只有采取客观态度来看清楚每个员工身上的影响因素所起到的不同作用，总裁才能以适当而准确的方式处理不同员工的问题。

◎因素一：工作能力

对于总裁来说,对员工进行评价时,首先应该看到的是其工作能力的影响。这是因为工作能力是员工为了能够完成上级指定的工作目标、工作任务而必须具备并加以使用的工作知识、技能和经验。因此，工作能力反映出了员工在工作中的成熟状态。

工作能力的体现

那些富有经验的总裁，总是能在第一时间发现员工工作结果同其工作能力之间的关系。因此，他们不需要花费太多时间去寻找问题的表面原因，也不需要像某些领导那样花费太多精力在训斥和批评员工上。反之，这样的总裁因为能够最快地找到工作能力方面的因素，而能很快地引导员工走到正确轨道上。

有位陆总就曾经和我讨论过他的这样一位下属：

下属小董，是负责A市区域市场的主管，他刚刚被提拔没多久。当时，整个企业在迅速扩大，作市场营销比较缺人，因此小董由于营销工作业绩不错就被放进了提拔的名单中。在他获得了短期的培训加上一段时间的实习之后，就被前任总裁派到A市负责当地的市场营销。然而，小董在A市的工作业绩相当糟糕，销售量不断下降，连续三个月后，人们发现A市的销量和回款几乎都是垫底的。

那么，小董是工作没有足够努力，还是工作态度出现问题了呢？一些公司高管表示应该对他进行批评，但陆总经过考察和考虑，发现小董的问题主要在工作能力上。他作为一名新的地区营销主管,没有足够的工作能力和经验,也缺乏足够的引导，因此基本上各方面工作都没有上路——无论是对经销商的管理，还是在店面的铺货、陈列方面，小董都缺乏应有的工作能力。

看到这一点后，陆总让人力资源部物色了一位富有工作能力和经验的主管，然后派驻到A市工作了三个月。在这三个月内，小董跟着这位主管很快积累了工作经验，提高了工作能力，A市的业绩排名也重新回到了应有的名次。

这个案例说明，工作能力是影响员工业绩的重要原因。总裁作为高层管理者，有必要在评价员工时首先看到这一点，然后根据员工身上体现出的工作能力寻找积极的对策。

对工作能力的分析

总裁应该对员工工作能力作出多层面的分析，从而看清楚工作能力是如何影响一个员工的具体工作业绩的。

首先，总裁应该对员工的知识进行考察，这部分工作可以由企业的专门部门或者团队完成。值得注意的是，对员工知识的考察，主要通过笔试的方法。在笔试试题中，首先应该侧重于对员工常识性的知识进行评价，也就是对其接受过的教育程度进行测试；其次应该注重对其专业知识的评测，即员工在工作过程中获得的具体知识，例如岗位培训等。

其次，总裁应该对员工的工作技能进行考察，这部分工作可以通过具体的观察、汇报和反馈完成。这是因为，工作技能不可能通过一两次测验观察得出，而是更多体现在实用性上。因此，对技能的评测更要看重实践过程中的按部就班。

再次，总裁应该对员工的工作经验进行考察。这部分的考察将是对员工工作能力影响因素的评价重点，主要包括员工已经参加的工作年限、已经完成的工作业绩。按照我对总裁们实际工作的观察，一般来说，那些从事本职工作时间较长、工作业绩较好的员工，其工作经验就相对丰富，起到的影响效果也就较好。

总之，工作能力是对员工工作结果有重要影响的因素。总裁身为员工的统帅，理应对每个员工有着怎样的工作能力加以全面深入地了解，并用来更好地评价员工在集体中的位置、在不同工作中发挥的作用。

◎因素二：工作意愿

员工虽然有工作能力，但并不一定就能完全做好其工作，更不一定能取得良好的工作业绩。这是因为如果他“能做”但是“不愿意做”，很可能会让其原来的工作能力大打折扣。因此，工作意愿自然也是总裁应该对员工进行评测的重要参考因素。

工作意愿的组成

所谓工作意愿，是指某个员工、某个团队为了完成其工作任务、达成工作目标而表现出的工作动机、工作信心，并展现出怎样的集中程度。其中，工作意愿的具体强弱高低取决于下面两点：

首先是工作信心。所谓员工的工作信心，主要是指员工即使在缺乏引导和管理的情况下，所依然怀抱的希望能够达成目标的信念高低。这种信心来自于员工的自信心。因此，工作信心必然和员工的个性有关。这就能解释为什么面对同一个工作，不同员工表现出来的工作信心不同——一些员工面对着良好的工作条件，却依然迟迟不肯接受，而另一些员工只要看到些许成功的希望，就敢于作出承诺。

当然，员工在面对不同的工作任务目标时，他们所表现出的工作信心也会不同。在一个较为简单、让他们确定自己能够完成的目标前，员工的信心明显增强，反之，信心就会减弱。而工作信心，同时还会和工作能力的高低有明显关系，工作能力越高，工作信心往往越强。

其次是工作动机。所谓工作动机，就是员工从圆满实现工作目标的设想中所能得到的工作推动力、所能表现出的工作兴趣和热情。显然，工作动机强的人比起工作动机弱的员工，更容易投入到工作中。

总裁想要准确地判断和观察出不同员工的工作动机，就要主动去分析他们为什么工作。不同的员工会有不同的工作原因。有的员工是为了金钱而工作，也有的员工是为了获得成就感，还有人投入工作是为了获得技能的提升和锻炼。因此，每个人实际上都在为看着近似但又不完全相同的目的工作，更加细致地分析后可以发现，即便是同一个员工，在不同工作时间段、不同工作任务面前，也有着不同的工作动机。因此，如果总裁想要分析员工的工作动机，就要充分了解员工具体的工作原因。

当然，衡量员工的工作意愿，应该从工作信心和工作动机方面去加以进行。但总裁还应该了解到，自己可以通过实际的领导行为、领导风格来改变员工的工作信心和动机，从而提升他们的工作意愿。而对于那些原本就有强烈工作意愿的员工，更要善加利用。

利用工作意愿

在我的课程上，我常常和总裁们分享这样一个案例。通过发生在美国福特汽车公司创始人亨利·福特身上的这个案例，可以看到成功的总裁是怎样善于利用员工工作意愿的：

某天，一个满脸横肉的陌生人直接来到创建不久的福特汽车公司，他开口就要求面见福特本人。福特问道："有什么事情吗？"

对方的回答是："想要找点工作做。"

"你原来是做什么的？"

那男人羞愧地低下头说："我做过西部的强盗，在那里蹲过五六年牢狱，现在想靠自己的手走正道，请你给我一点工作做吧。"

福特想了想说："你真的想要在这里工作吗？"

男人说："是的，只要你愿意给我工作。只是，以前只要有人知道我的过去，老板们都会犹豫起来。”

福特说：“那么，我如果也拒绝了你，你会怎么办？”

“真要那样的话，我也没办法了，既然没办法靠正路赚钱，我也只好靠老办法活下去了。”

福特看出了他想要走正路的意愿，于是，给他安排了在工厂里面担任一线工人的工作，后来，这个曾经的抢劫犯成为了企业中技术优良的员工。

这样的事情，在当时的福特公司并不少见。

福特曾经说过这样的话：“只要他有工作的意愿，我就应该有工作给他做”。从福特的身体力行中，今天的总裁们应该有所感悟：对于员工来说，工作意愿常常是决定性的，抓住工作意愿来分析其工作业绩所受到的影响，评价工作意愿的重要性，并着手提高员工的工作意愿，才能期待员工拿出良好业绩。

六、员工发展的四个层次

◎D1—D4阶段特征

成功的总裁，总是能够恰到好处地根据不同的员工来选择自己的领导方法、领导风格。这看上去似乎较为复杂，但实际上，假以时日，选择正确的方法来积累经验，几乎每一个总裁都能够做到这一点。而想要真正做到这点，你需要的是能够区分不同层次的员工。

四阶段员工特点

根据员工在工作能力和工作意愿两个维度上的不同状态，我总结出了四种状态的员工层次，分别命名为：D1、D2、D3、D4。

D1：本层次的员工主要特点是工作能力较低、工作能意愿较高。这种状态通常发生在那些刚刚接手新工作、或者进入新岗位的员工身上。他们的特点主要是由于受到经验、履历的限制，工作能力不高，而需要得到来自总裁和其他领导的明确教导、指示和监督。同时，由于他们有较高的工作意愿，因此大多数情况下愿意对来自总裁或其他领导的赞扬、批评都虚心接受并予以改正。

D2：工作能力一般，工作意愿较低。这种状态下的员工大都是入职有一段时期，获得了一定的工作经验，但又因为自身的缺陷而导致某种情况下进入了职场瓶颈。通常，这样的员工工作经验并不完全支撑他们独立圆满完成工作，而由于他们常年在同一个职位上进行同样的工作方式，已经表现出较低的工作意愿即不太愿意努力、创新地完成工作，而总是希望得到来自企业内外的更多的支持和帮助。

D3：工作能力较强，工作意愿时高时低缺乏稳定性。这种状态下的员工因为工作经验丰富，知识和技能的积累比较充分，因此表现出良好的工作能力。但是，由于其具体工作中可能面对较大工作压力，经常碰到具体的工作困难，因此，工作意愿时高时低。表现在总裁眼中就是当工作顺利、给予奖励的时候，这些员工能够积极主动地完成工作，同时其工作热情高涨，而当工作不顺利、遭遇批评挫折的时候，这些员工就不大愿意主动扭转局面了。

D4：在这个层次中，工作者表现出良好的工作能力和工作意愿。他们既有着充分的能力去解决问题，也有着良好的态度去实行具体操作。然而，需要提醒的是，这种层次的员工并不多见，甚至在许多中小企业内难以培养。但总裁应该看到的是，即使是前面三种层次的员工，如果加以工作场合环境的变化、工作具体任务的变化乃至领导策略的变化，也能够让他“临时”进入这样的层次中。

选择四种领导风格

根据上面四种层次的员工，总裁有必要选择四种不同的对应领导方法，从而在客观评价员工层次的基础上，提高自己的领导效率。

首先，对D1层次员工的领导方法应该是以指挥性质的领导权力为主，这是因为该层次的员工需要有领导直接加以指导和命令。当然，在使用这种权力时，总裁需要避免两方面的误区：一方面是总裁不应该跨级对基层员工加以指导和命令，这样很容易导致其直接上司产生不满和抱怨，也容易打乱企业内部的人事组织结构；另一方面是随便对这种层次的员工进行授权，实际上，正因为他们工作能力不高而工作意愿较高，就更可能因为盲目性而导致造成危害。

其次，对D2层次的员工采取教导类型的领导方法更加合适。这是因为该层次的下属已经不仅仅满足于完成工作，他们更想要通过来自总裁或其他领导的指引、监督来培养自身经验、提高自身能力。因此，除了继续对该层次下属指导工作之外，总裁还可以适当组织和参与对决策的说明、对工作建议的征求和对实际工作的鼓励来加强员工的工作意愿。

再次，对D3层次的员工，应该采取实际支持类型的领导方法。这是因为该层次的员工工作意愿经常上下波动，很容易导致总裁感到难以进行控制，而其直接上司也会感到难以管理。但采用这样的领导方法，能够利用积极的培训、随时的支持来加强培养他们的工作能力。而一旦这些下属解决问题的工作能力获得增强时，其工作意愿也会得到真正的稳定。

最后，对 D4 层次的员工，应该适当加以授权。这是因为该层次的员工工作能力强且工作意愿强烈，已经能够做到富有责任心地独当一面。总裁如果能正确地对其予以授权，就能够起到鼓励和支持的作用。当然，在这样的授权中，也需要避免一些误区，例如，总裁不能认为授权就是放弃自己的角色，而是要适当转换角色来表现出领导行动。

◎诊断员工的发展层次

想要正确地诊断员工位于怎样的发展层次上，总裁需要确定的首先是员工面对着怎样的工作目标，需要完成怎样的工作任务。真正优秀的总裁，会将自己对员工的诊断过程从确定工作任务开始加以进行。因此，我也经常和总裁学员们讨论如何通过确定好工作任务来对员工的具体层次加以了解。

用任务评测层次

对员工具体层次的评测，不能仅仅站在理论的角度用总裁的主观想法来取代事实，而是应该结合员工的工作任务进行准确分析。那些成熟的总裁会利用为员工安排不断的工作任务来具体判断其发展层次。

我的一位学员金总曾经是 PY 制药公司的总裁，在他为这家公司工作的数年中，提拔了好几位药品研发业务上的骨干。让人们感到奇怪的是，金总自己并不是什么制药技术专家，甚至他所学的专业和这个专业毫无关系。那么，他是怎样做到准确辨别技术员工的发展层次的呢？实际上，这和金总为员工提出不同的工作任务有关。

陈峰就是PY公司培养出的一位药品质量检测专家。最开始，在PY公司的质量检测团队中，陈峰只是一名普通的技术员工，只是他具有较为丰富的经验，而且工作效率比其他人高，总是第一时间完成自己的工作。在同陈峰的上司谈话之后，金总提出，让陈峰独立带领一个小组去进行检测工作，没想到，刚刚“独立”的陈峰很快就带领小组内的员工准确地完成了检测过程，并按时完成了工作。得知这一点后，金总授权质量检测部门团队对陈峰进行培养和引导，并适当安排更为困难的工作项目让他加以锻炼，而在这些工作任务面前，陈峰对产品质量的检测把握得相当准确，并能够持续及时地完成这些工作任务。

通过将近半年的考察，陈峰的能力和意愿的层次被身边的同事和上司所了解。金总同意他去集团内的另一家新企业担任整个检测工作的领导者。在该团队中，有十余名相关专业的年轻技术人员，而陈峰的责任是负责工作指导、工作教导和工作评估。虽然在此之前，他没有担任过团队的正式领导者和教练角色，但他依然因为面临这样的工作任务而感到激动不已，并产生了更高的工作热情，最终，他完美地证实了自己确实有这样的工作能力，达到了应有的工作层次。

层次的评测方法

金总不仅知人善用，还能够利用不断提高的工作任务去评测员工目前的工作层次。实际上，利用工作任务对员工进行评测的方法并不难，具体运用包括如下三步骤：

首先，对职位所需要的角色进行确定。即总裁通过对具体的工作岗位角色进行评测，从而确定其具体的职位角色，并分析员工在其中所应该担任的职能、发挥的作用。这样，才能进行有针对性的评估。

其次，对具体员工进行任务和目标的布置。在确定员工职位角色之后，具体布置相应任务和目标，这样的任务和目标应该和员工目前的角色相符合，而对能力的需求可以稍微高一点，以便更好地评测出员工的水平层次。

最后，让员工随时提交其行动计划和方案，通过对行动计划和方案的检测，也就能够对工作目标和任务进行分解，并观察员工能否表现出应有的水平层次。

当然，对员工进行的诊断过程和结果，和总裁自身的领导风格也有紧密关系。总裁必须要树立充分重视员工诊断的意识，并先大致推断员工的具体发展层次，然后再结合工作任务来进行诊断。实际上，这种诊断本身应该建立在对员工基本了解的基础上，并表现出正确的领导方向。

◎员工的发展层次是否固定不变

在对员工发展层次的诊断过程中，总裁都会面对这样的现实问题：员工在不同层次阶段中，是否会长期维持不变？当员工位于较低层次时，是否会缺乏进步的空间？而当员工上升到 D4 阶段后，是否又会始终保持这样的状态？总裁在对员工进行评测时，应该更多地用动态的思维来分析和考虑这样的问题。

发展层次是动态的

必须要承认，领导工作实践总是比领导理论要丰富许多，只有当总裁真正经历过充分的领导实践工作，才能反过来更加准确地理解和运用领导理论。这是因为，任何企业都是在其特定的环境中生存发展的，当这样的环境变化时，整个企业的文化也就会开始变化，而对其内部的组织结构、人员心态产生影响也就同样在所难免。这样，员工的发展层次阶段会不断变动，也就是自然的事情了。

例如，我曾经在授课中和不少总裁讨论过企业中女性中层管理人员的层次变化特点。

现实工作中，几乎每一家企业都会出现女性中层管理人员的问题，而这些问题通常都和她们的工作与生活平衡、对工作的承诺有关系。不少女性管理人员在原有的职位上能够很好地接受工作责任，并表现出良好的层次阶段，但问题常常出现在她们的职位提高之后。

许多总裁发现，自己的女性下属似乎并不愿意进入那些具备更高潜力的员工行列，甚至根本不考虑升职的事情。一旦企业需要她们承担更高职责时，她们经常会表现出工作能力层次阶段的下降，这是因为，不少女性中层管理员工总是希望分配更多时间给家庭和个人生活。即使这些女性原本处在较高的工作层次阶段中，担任部门经理，同时也并不缺乏工作的热情和愿望，希望自己作出成绩，但她们还是经常会怀疑自己是否还有足够时间和精力来承担更多责任。结果，这些女性员工开始无法保持原有的阶段层次，并下滑到较低的阶段层次中去。

女性中层管理人员的层次变化，只是企业组织中不同员工都会面临的阶段层次变化的典型案例而已。实际上，越来越多的员工都会出现层次变化的可能。例如，原本层次较低的员工，无论在工作能力还是工作意愿上都可能因为一次奖励、一次成功而表现出进取的愿望，这种愿望有可能推动该员工提升自己的层次；反之，如果员工遭遇失败，也有可能导致其从原有的工作层次中下降。

总裁应该能理解，下属是人，并不是工作机器。因此，随着下属工作中所处的主客观环境有所变化，其工作表现层次产生变化是一种必然。对员工的领导，应该建立在尊重这种变化的基础上。

根据动态特点评测

正因为员工的层次是不断动态变化的，因此，总裁对员工进行评测时更应该抓住这种动态特点，并注意其背后的主宰规律。

首先，应该注意到心理契约对于员工层次变化的影响。所谓心理契约，是指员工和企业各自的期待。员工之所以能够保持原来的层次，是因为原有的心理契约引导他作出的选择。如果总裁能够设法通过激励评价、利益调整等方法引导员工建立新的心理契约，就更有可能让员工主动进入新的工作层次中。

其次，总裁要有一定的耐心来等待员工的变化。正因为员工的阶段性层次并非固定的，因此，他们有着自身调整的空间，而这种调整在某些情况下更多需要员工自觉性，不能完全依靠外部的领导和管理力量。总裁一方面应该引导其下属积极变化，另一方面，也要适当尊重员工发展规律，不应盲目期待和施加过分压力。

最后，总裁还应该防止出现对高层次员工的领导疏忽。如果没有意识到员工可能出现的变化，那么，总裁很容易认为某些员工因为其较高的层次表现，而不需要加以严格管理引导。事实上，即使对这样的员工应该予以信任和授权，但并不代表总裁或其他上层可以在管理中缺失自己的位置。

七、企业员工的三种类型

◎“人财”、“人在”和“人灾”

除了按照员工所处的层次来划分之外，总裁还可以根据不同员工的不同特点、不同性格，对其进行类型的划分。我经常提醒总裁们的是：虽然员工可以划分为这些类型，但这并不代表其中某种类型的员工就是固定不变的，也不代表某种类型的员工就是彻底无用的。同员工在层次之间会上升下降一样，不同类型的员工也会相互转化，而总裁需要做到的是站在了解这些类型的基础上，促成员工向良好类型的转变。

员工的不同类型

根据员工的工作个性和工作特点，可以将员工分为下面三种类型：

第一种类型，“人财”类型。这种类型又可以称作主动型员工。他们通常比起其他员工更加自信、乐观、积极，在工作中，经常主动思考学习并积累经验，因此，他们有着更丰富的工作经验，对于总裁等上层领导者的工作决策和决定也更容易接受。他们工作目标明确，个人工作习惯特性也较好。例如，企业中的骨干员工、业绩创造的主力或者有着较高职位的管理员工，通常都属于这种类型。这样的员工之所以被称为“人财”，也是因为他们的存在能够为企业带来更高的业绩，创造更高的利润。

第二种类型，“人在”类型。也被称为被动接受型员工。这些员工通常由于不同的原因，在工作中缺乏主动的思考态度、主动的执行习惯，他们经常需要总裁或其他领导去具体教导他们怎样工作。例如，一些刚刚进入职场的年轻人，个性比较活跃、工作能力不高且工作经验比较少，他们往往更需要其直接的领导者加以约束和监督。当然，这样的约束和监督有可能带来两种结果——如果约束和监督成功，那么这种类型的员工就能够获得成长，并逐渐成为企业的骨干力量；反之，如果约束和监督不成功，则这种类型的员工有可能停留在被动工作的阶段，只能确保工作时间“人在”，而不能确保自己成为“人财”。

第三种类型，“人灾”类型。也可以看做破坏型员工。几乎在任何企业或非企业的组织中，都会出现这种令人头疼的员工。他们喜欢在团队中因为利益甚至心理问题而搬弄是非，制造各种矛盾。这样的员工往往能够带来强大的破坏力，如同果篮里面的烂苹果，如果不得到及时处理，就会导致迅速传染，将果篮里面的其他苹果也弄坏。总裁更应该认识到，自身的领导工作也好、组织系统的健康发展也好，都应该建立在相互理解、相互妥协、相互信任和容忍的基础上，因此也容易受到其内部不良因素的侵害和破坏。因此，作为总裁，有必要认识到这种员工带来的“灾难性”后果，并提前予以防范和解决。

当然，上述三种类型的员工并不可能划分得如同理论上这样绝对，不少员工常常是徘徊在两种类型之间的。因此，总裁更需要抓住不同类型划分的依据特点，结合员工具体的情况来对员工进行了解。

分析类型带来针对性

总裁之所以要分析、了解员工的类型，其重要意义不仅仅在于能够更准确全面地认识组织，还能够为自身的领导带来更加客观、公正和科学的因素，从而对企业的领导能更加有的放矢。

首先，在分析员工类型的基础上，总裁能够换一个角度来认识自己领导的组织和企业。如果不能对员工进行准确分类，那么，总裁很容易因为日常工作的类似而将不同类型的员工混为一谈，这将导致总裁只能看到单一的出发点、单一的方法，而无法采取真正有效的方法去认识企业、管理员工。

其次，对员工加以分类，总裁才能引导好中层管理员工更好地带动和影响团队。通常来说，总裁并不会直接去管理一线基础员工组成的团队，而是去引导负责这些团队的中层管理者。这说明,总裁只有注重对基层员工的分类，才能高效地影响和监督这些中层管理者。

总之，对员工加以分类，是对员工准确评测和认识的基础。可以说，将员工正确分类，是总裁能否影响和管理组织成功的第一步。

◎留住“人财”留住金

总裁这样的核心领导者，将自己的工作时间花费在太多细小工作的管理上是不合理的。这一点，我经常向学员们加以强调。同时，我还提醒他们，如果不花足够的时间来诊断员工的类型，不花费足够的精力去观察不同类型员工的行为，那么，就很难分清楚这些员工之间的差别，难以看到不同员工对于企业所产生的不同作用、创造出的不同价值。

因此，总裁有必要按照三种类型员工的顺序来对其加以了解，给出不同的领导对待方法。

“人财”型员工

“人财”类型的员工，工作积极主动，能够主动给自己的工作制定出目标和计划，是企业中最努力的。不仅如此，“人财”型员工还能够带动其他员工，对其团队内成员的工作给出指导。因此，“人财”型员工在企业中能够起到模范和推动作用，能够稳定企业的骨干，并能够为企业创造出财富。

“人财”型员工通常会具备下面这些特征：

他们懂得如何进行自我激励。因此，他们一般不需要总裁或者其他领导来进行激励，而是会自助保持自己的工作热情、激发自己的工作动力。

他们懂得如何高效地完成目标，用最少的工作资源和工作时间来使工作取得成功。因此，人财型员工不仅不畏工作的艰难，还会将之看成对自己的锻炼。他们会挑战困难，证明自己可以利用好工作资源，充分利用好时间，并利用最少时间创造最大价值。

他们能够客观地去看待企业面临的问题、出现的状况，同时，他们还能够积极抓住机会来积极充电和学习。最关键的是，“人财”型员工是企业内部变革行动的推动者，他们会不断地给自己加压，同时寻找新方法来完成自己的工作。

另外，“人财”型员工还能够在工作中及时作出应有的决策，当领导者不在或者权力予以授予时，他们能够积极而尽量准确地作出自己的决策。当然，如果工作中遇到失败，他们也能够从失败的经历中总结经验和教训。

总之，具有上述特征的员工，可以称得上是企业的“人财”。通常来说，一家普通的企业中，这样的员工只能占到20%左右。而如果到达30%～50%以上，那么，这样的企业将会拥有充分的生命力。

管理好“人财”

总裁应该尽快发现和培养企业的优秀成员，将他们打造成为最好的“人财”。值得注意的是，当企业面临一些发展中的瓶颈时，这些“人财”也有可能表现出两种比较极端的可能:要么选择跳槽离开，要么选择在企业内“转型”从而失去提升自己的动力。而总裁的工作任务，就是保护好这些原本属于企业组织成员骨干的“人财”。

首先，总裁想要留住企业的“人财”，应该提供其必要的工作环境和工作舞台。不少总裁曾经问过我，留住“人财”的关键是不是待遇，我的回答是否定的。这是因为，每个“人财”都希望得到优厚的待遇，但是，对于真正的“人财”来说，他们更加看重的是自身工作的环境。因此，总裁应该注意亲身示范，带动下属管理者共同创造能够吸引“人财”、留住“人财”的良好环境。具体来说，总裁应该确保企业有足够的产品和项目提供给员工，让他们充分发挥自己的工作能力和潜力。总裁应该对“人财”的工作提供充足的资源支持，从而确保其中每个人都不会因为经济上、生活上或工作上的影响而破坏工作成效。另外，总裁还应该强调企业内部建设优良的工作风气，打造良好、开放而平等的工作环境。

其次，对于“人财”来说，他们需要的不仅仅是日常工作，还需要有足够的研究、切磋，从而提升自己的工作技能。这就需要总裁和他率领的领导团队能够理解和支持这些“人财”的研究工作，让他们在紧跟企业完成整体工作项目的同时，依然有足够的工作空间、工作时间去发展自身的能力，追求自身的成功。

最后，总裁个人还要对“人财”有充分的爱心和诚心。这就需要总裁及其领导的下属团队能够营造出让“人财”员工心情舒畅的工作环境。同时，还应该主导优秀人才之间的相互情感，让他们相互适应、配合乃至依靠。这样，企业内部的亲和力与凝聚力就会得到增强，无论是人和人之间的感性关系，还是由于合作产生的组织文化这样的理性情绪，都能够帮助企业稳固地留下“人财”员工。

◎激励“人在”

“人在”类型的员工，是指那些渴望获得领导的关注和认同、渴望获得领导表扬的员工。这些员工更加愿意听从领导的指挥，然后再行动。事实上，这种类型的员工占据了普通企业中大部分员工的比例，而如何管理好他们，并给予充分的激励，将是总裁管理好企业的关键。

“人在”类型

顾名思义，“人在”就是在需要他们出现时准时出现的员工。他们的基本表现和特征如下所述：

“人在”员工基本上不会迟到和早退，工作完成得也规规矩矩，偶尔的加班对他们来说也不是困难。对于这样的员工来说，普通的工作任务大多能够完成，但领导事先没有过问，或者临时出现的问题，他们很难拿出自己的应对方法，而会无时无刻不去想方设法等待上司的具体指示、具体命令。实际上，这是因为“人在”员工更看重的是自己的工作职位，而不是企业和团队的发展前途，他们更看重的是自己短期内是否能完成工作目标，而不是企业和团队长期的整体利益。

因此，“人在”类型的员工通常还具有追随他人的特征。对于整个企业环境表现出的风向，他们会积极追随，而不是去主动干预、影响和领导他人。他们很容易受到来自外界的影响，必须要看到真正的变化才能跟随变化去做好工作。他们总是不愿意在情况并没有明朗时公开发表自身的想法，因而表现不出足够的创新能力，这是因为他们并不喜欢去冒险尝试和他人不同。

但另一方面，“人在”类型员工也渴望自己因为工作上表现出的努力和稳定而受到重视，因此，在他们觉得自己足够安全的情况下，就会选择充分表现自己。而一旦觉得情况不够安全时，就会选择沉默，乃至故意装作没有表现欲望的状态。这些看起来矛盾的表现，实际上都是因为他们害怕丢掉自己目前的工作，因此总是会按照自己所拟定的规则来工作。

总体来说，企业内部的“良民阶层”都属于“人在”类型的员工，他们追求的是表面上“在企业”，或者是有限度地“在企业”，而不是真正将自己的职业生命、职业激情都寄托在企业中。一般来说，这样的员工在普通企业内占到60%左右，而如果能将他们中的一部分转移到“人财”类型中，无疑是总裁在领导过程中取得的重要胜利。

管理“人在”类型

如果说，给那些优秀的“人财”员工创造机会，打造他们的工作空间，最终是为了留住他们，那么，总裁对于企业中的“人在”员工，需要做的就是主动加以激励。这样，才能将其中的部分员工乃至大部分员工升级为企业中的优秀员工。这样，整个企业将会获得强大的发展力量。

首先，对待“人在”这样的普通员工，总裁应该按照组织的规则、社会的公平规范进行管理。其中，更重要的是按照普通员工都能够接受的公平规则实施激励或者惩罚措施。例如，确保每个“人在”员工都能有公平均等的机会得到奖励；确保“人在”员工能在竞争中处于相同的基础上，并在工作中具备相同的工作条件；确保对他们进行的奖惩，要和“人在”员工本身的表现相当，而奖惩原因则必须根据他们工作的结果进行。

其次，对不同“人在”员工进行管理的情境要适当。这是因为考虑到不同“人在”员工个性上的差异，他们每个人对自己所受到的引导、管理的情境要求都各自不同。因此，总裁必须要懂得按照不同员工的性格特点，进行工作上的引导和管理。尤其要注意运用好奖惩的时机、地点，并利用好其具体负责工作的具体性质。只有这样，才能做到对“人在”员工的最佳管理。

最后，管理“人在”类型员工，最重要的还在于为他们营造希望。这些希望包括收入提高的希望、职位上升的希望和取得成就的希望。例如，引导他们去观察那些优秀员工的投入和收获，同他们分享自己的职场经历，或者有意让他们看到自己和他人的差距等等，都能够刺激这种类型的员工积极进取，拥有改变自我的勇气。

◎限制“人灾”

总裁应该这样看待“人灾”员工：团队中有他们存在，可以说是一种显然的影响和打击，但另一方面，“人灾”的出现又并非偶然。一方面，“人灾”员工总会出现在不同的组织中，这几乎是一种概率上的必然，另一方面，“人灾”员工进入企业，也暴露了企业在人员招聘上的弱点。因此，“人灾”员工虽然总是表现出那种否定、消极、质疑、非难和阻碍的力量，但总裁如果将对“人灾”员工的管理看作改造和提升企业员工队伍的契机也未尝不可。更重要的是，如果对他们的限制和改变能够成功，企业组织将会受益匪浅，起码公司中真正做贡献的人会因此变多，而制造麻烦的人则会因此而大大减少。

“人灾”型员工

员工能够成为“人灾”，并不是什么夸张之语。或许这些员工在生活中是个好人，但一旦进入企业组织，他们发挥的作用总是负面大于正面，这样的员工很难为企业作出贡献，而只能是麻烦制造者。

下面是“人灾”员工的基本特征：

首先是漫无目的的怀疑。“人灾”员工习惯于怀疑，他们首先怀疑上级，无论领导布置怎样的工作计划、工作步骤，制定怎样的工作目标，或者作出怎样的人事安排，“人灾”型员工都会表示怀疑。其次怀疑同事，他们很容易在组织中成为小团伙，并相互怀疑，相互否定，质疑他人的工作能力和工作意义。另外，他们还会怀疑企业的组织结构，抱怨公司的总体目标和分解目标，怀疑不同的内部工作程序和对市场的政策。最重要的是，“人灾”型员工怀疑改革的力量，他们总是否定企业的变革，总是习惯于维护旧的习惯和程序。

值得注意的是，不少“人灾”实际上来自于组织内部的元老集体。由于他们曾经为组织作出过贡献，只是现在不再适应新的情况需求，或者因为观念停滞而变得因循守旧，或者因为自身利益而反对改革，他们因不适应企业发展而成为了“人灾”员工。

新东方英语的创始人俞敏洪总裁就曾经碰到这种令人头疼的元老级别“人灾”。

在中国，民营企业超过了 300 万家，而其中有九成以上都是家族企业。

俞总一开始在发展企业时也选择了这样的模式。新东方是俞敏洪和他的妻子联手创办的，俞敏洪负责到处贴小广告，而妻子则负责前台招生报名，后来又负责财务、行政和后勤支持。到新东方稍微做大以后，俞敏洪的母亲也参与其中。

直到 1995 年，俞敏洪后来的合伙人徐小平从国外回来，并入主公司。为此，俞敏洪坚决将自己的妻子“请走”，彻底改变了新东方夫妻店的形象。对此，俞敏洪自己也承认，在思想上有很大挣扎，并专门找到一个理由——出国学习。用俞敏洪自己的话来说，“等她回来的时候，新东方已经不需要她了。”而对于自己的母亲，俞敏洪则感到更加棘手，这不仅因为俞敏洪是个大孝子，更在于母亲在自己企业的发展中的确作出过很多贡献。但问题是，母亲还是坚持用自己的方式来管理企业，而且担心俞敏洪不是那些合伙人的“对手”，这种想法越来越影响到整个企业。事实上，母亲不断坚持和要求俞家的很多亲戚进入新东方，从而导致公司其他高层也开始纷纷带动亲戚加入。

到了 2003 年，俞敏洪开始制定亲属回避原则，他要求企业股东的直系亲属全部退出新东方，这是因为亲属员工几乎成了企业的“人灾”员工。俞敏洪执行原则的态度是坚决的，他第一个将自己的姐夫清退了，然后将妻子的姐姐和姐夫也都清退了，最终，俞敏洪的母亲退出了企业……

从俞敏洪对待“人灾”员工进行的管理中，我们应该吸取这样的经验：一个成功的总裁，不仅能够重用那些优秀员工，同样也应该懂得如何屏蔽和消除那些负面员工带来的不良影响。

限制“人灾”员工

对“人灾”员工，总裁也应该予以正确地进一步划分。对于那些能够立刻清除出员工队伍的“人灾”成员，当然可以立刻清除，但更多的情况下，对于他们只能使用先限制、再改变、最后才予以清除的方法。

我曾经总结过下面这些具体的方法：

首先是冷处理的方法。即总裁在特定时间段，例如工作繁忙、任务紧张而下属们都忙碌工作情况下，对那些“人灾”员工采取不予过问的方式，不给他们分派工作，从而让他们感到被冷落。由于对比明显，“人灾”员工有可能感到利益受损，等他们实在忍受不了而来寻找总裁沟通时，总裁就可以和他们深入地沟通，让他们充分意识到自己的不足，并帮助他们予以改正。

其次是运用榜样的方法。总裁可以在下属中寻找那种“人在”型员工，然后通过提供足够的资源加以帮助和支持，这样，当“人在”员工作出成绩后，再对之进行表扬、奖励，同时不点名地批评“人灾”型员工，从而压制其原有气焰，并等待其改变。

最后是集体消除法。“人灾”员工经常能够在企业中表现出不一样的影响力，代表了企业组织中某个小团队的想法和利益。因此，总裁可以将这样的小团队从组织的大集体中剥离出去，加以分割。然后再抓住其中的领导者，对其提出一些具体要求，给予一些权利和资源，满足其愿望，并要求他带领这个小团队创造利于其自身的局面。

当然，如果通过这些办法还是无法对“人灾”员工加以限制，总裁还是只能从大局出发，尽快将他们请出企业。

◎问卷测试：领导风格的自我诊断

总裁对员工的评价和诊断固然重要，但正如古老的希腊格言所说“认识你自己”，如果总裁对自己的工作能力、工作风格都缺乏了解，那么，对员工的了解再全面也难以做到真正的客观实用。实际上，总裁应该充分深入地观察和了解自己，判明自己的领导风格。

领导风格类型

尽管领导风格类型的划分，主要应该来自于总裁对自己领导行为模式的认识，但领导风格除了和你的领导行为有关之外，还可以有其他更多的区分标准。

下面是我经常对学员加以推荐的区分方法：

按照权力的使用情况进行划分，可以划分为集权、分权和均权类型的领导。集权类型的领导风格较为“独裁”，无论是工作任务、工作方针还是工作政策与方法，都由总裁个人制定，然后再布置给下属；分权型领导决定工作目标、政策、任务和方向，但对员工完成工作的过程中具体的细节并不太多过问；均权型领导主张分工、分层，从而提高工作效率，保证职责权限明确，能够更好实现工作目标。

按照工作重心来划分，可以分为以事情为中心和以人际关系为中心。前一种总裁的领导风格是将工作看做领导内容的中心，强调提高工作效率，要求下属能够用效果最好的手段来获得工作的成果，并总是用工作结果的数量和质量是否达到应有的程度来评价自己和下属的工作成绩。这种领导风格更看重工作本身而对下属作为人的一方面关心不够。反之，以人际关系为中心的领导，则希望下属能在工作中获得愉快感受，他们认为只有抓好人这个要素，才能让工作获得最高效率、最好结果。因此，他们尊重下属的人格，认同他们的感受，经常注重用积极奖励和鼓励来推动下属在工作中的积极主动性。同时，他们还注意对工作环境加以改善，注意给下属以充分合理的物质待遇，并推动他们保持身心健康和愉悦。

按总裁的领导态度划分，可以分为体谅型领导、严厉型领导。前者对下属更加体谅，能够关心其具体的工作和生活，注意同下属之间的沟通联系，并建立应有的依赖和支持感情。另外，他们还能够注意对下属的工作业绩给出赞扬，并帮助其提高工作水平。后者对下属的要求更加严厉，重视整个组织的需求，轻视个人的实际感受，因此经常对下属强调个人责任，并督促他们执行纪律，为此还会用严格的方案去监督和考核他们。

另外，按照决策权力大小，还可以将总裁划分为专制型、民主型和自由型三种。其中，专制型总裁习惯于将决策权集中在自己手中，用领导权力推动工作，这种类型的领导发现工作执行困难时，很容易将责任推卸到下级身上，造成对下级的奖惩缺乏客观标准。而民主型总裁同下属相互尊重和信任，能够经常通过交谈和会议等不同形式和下属交流思想、形成决策并具体授权，这样，总裁有充分严格的标准来对下属进行奖惩。而自由型领导则是有意通过多次授权来对权力进行分散，这样，能够给下属更大的自由程度。

最后，按照总裁的个性气质来分类，可以分为魅力型、交易型和改革型总裁。其中，魅力型的总裁具有充分的自信心，能够对工作目标有显著的远景规划，能够清楚地去表达自身设定的目标，因此，他行动上并不会过于遵守原有的规矩，而是会带领变革、引领改革。而交易型的总裁，会将其领导过程看作不断的交易过程，他们会确定员工需要具体去做什么，然后通过合法的权力去发布命令并对员工已经做到的成绩加以奖励，从而实现交易。这样的总裁强调领导风格的公平和公正，他们不追求让员工充满激情，同样也不太追求变革，而是强调用群体和个体之间的利益加以交换来实现领导。和他们相比，变革型领导更多倚重其自身的领袖魅力、强调打造其自身的非制度性权威，并希望通过不断地授权来提高员工对自身责任的肯定、对目标的全面认识。通过这样的方式，变革型总裁能够将企业发展的愿景变成现实，帮助他的员工站在更高的战略层面去看待利益和工作，并为企业作出更多贡献。

诊断领导风格

对自我领导风格的诊断，关系到总裁是否能采取正确的方式来自我观察，是否能够用正确的方式去影响下属。在我的课程中，这样的诊断可以通过自我评测量表加以进行。

总裁可以对下面的问题给出三种答案，分别为：是、尚可和否。

问题一：是否对下属经常不客气地加以批评甚至责骂？

问题二：是否能够经常积极发现下属优点并给出赞扬？

问题三：在向下属下达指示命令抑或接受其汇报时，是否能注意用更多鼓励口吻？

问题四：是否会经常和下属共同讨论今后企业发展方向？

问题五：你是否能够通过和下属接触机会来发现新的问题，并进行改善？

问题六：你是否可以从下属那里搜集到更多信息和资料？

问题七：你是否能够关心下属的工作状态、身体健康？

问题八：你是否在忙碌时也会积极制造和下属接触的机会，并善意地加以利用？

问题九：你是否和下属积极接触，决定工作目标和完成的方法，同时加以切实地执行？

问题十：和下属接触时，你是否能够做到坦诚和公开？

上述问题中，有越多的“是”，代表总裁的领导风格越接近于看重事件型、权力型和严厉型，而有越多的“否”，则代表总裁领导风格越接近于看重人物型、魅力型和温和型。了解自己偏向何种类型，对于总裁的领导进步有着积极意义。

第三章

统驭技术：选择适合你的领导风格

八、两种不同的领导行为

◎领导者每天做什么

担任企业总裁，其工作无疑是充满压力的。这是因为总裁是整个企业的领导，而领导的行为应该形成真正的影响力，从而带动和激励员工去实现整个企业的特定目标。因此，总裁工作中的领导行为应该是能够引导和影响员工个人和集体实现目标的整个行动过程。这个行动过程不仅来自于总裁的整体权力，同时也取决于总裁在日常工作中所做的每一件事情。

领导行为的要素

根据许多科学家、心理学家作出的分析，我对总裁的领导行为进行了深入分析，并总结出下面的四个基本要素：

首先是总裁对员工的支持，即总裁通过领导行为对下属的看重，对下属的价值观、工作态度的支持，来构成自己的领导行为要素；其次是总裁对下属相互之间关系的促成，即总裁通过促进下属之间的密切合作、互相满足，加快企业成员之间的协作关系，并予以不断发展，从而提高整个企业团队的工作能力；再次是总裁对目标的强调行为，即总裁的领导行为应该集中在帮助下属去获得对特定目标的成就和实现上，并作出对下属正确工作态度的引导和激发；最后是对下属的协助支援行为，即总裁在工作中支持下属的具体行动，例如调整下属之间的工作关系和角色，提供工作行动中的各种资源，以及帮助下属更好地使用工作方法等等。

总之，总裁的领导行为，既是一种人和人之间的调整行为，也是一种人和工作目标之间的关系行为。因此，总裁每天的具体工作所形成的不同领导行为，将会带来不同的组织气氛，并带给下属不同的心理暗示和影响。而这样的心理暗示和影响将能够影响员工的工作行为表现、工作积极性的高低。

看看下面的案例，你就知道总裁每天的工作是怎样决定了其领导行为，而领导行为会产生怎样的结果：

某公司总裁M先生，当其率领的企业已经发展成为数家综合性商场之后，其每天的工作还是采用着企业刚刚发展时的领导方式，表现为过于细致的领导行为，对企业的整体工作从上到下加以关心了解。例如，某个科室的领导应该做什么工作，应该怎样做，某个柜台组应该做什么工作，该怎样做，M总通常都要布置得细致入微。实际上，这明显是M总在越俎疱代、随便滥用其权力，而M总自己却不这么认为。直到当M总因为某项工作需要外出三周以后，他才发现自己日常领导行为的破坏力——仅仅一周后，企业内部反映问题的邮件、电话甚至私下“告密”的短信源源而来，反映得全都是企业内部鸡毛蒜皮的小事情。结果，M总在外地的工作状态被完全打乱，工作效果可想而知，他自己都感到相当可笑。

此后，M总开始转变自己的领导行为，将日常工作的主要事项放在对战略层面的设计上，并重视对不同团队的中层领导的引导，而不是直接关注基层工作。很快，随着M总的领导行为的改变，整个企业的工作面貌得到了改善。

领导行为的原则

总裁想要提高日常领导行为的针对性，就要积极地通过日常工作去减少下属消极性，并提高其积极性。

首先，总裁在日常工作中要正视下属的不同需要。通过不同方面的工作，满足员工从生存的需要到安全的需要，再到社会的需要、受尊敬的需要和自我实现的需要，当下属的需要被总裁注意以后，他们就会因为被满足而做出回馈行动。

其次，利用日常工作激发员工的工作动机，调动他们的积极性。这就要求总裁既要按照员工的工作规律来安排自己的工作措施，从而挖掘下属的潜力。同时，也要关注员工的个人利益，并在工作中予以保护和满足。

最后，总裁应该提高自身在日常工作中的效率。这是因为总裁的领导效率会直接影响到被领导者的行为效率，如果总裁能够有效地创造出良好的物质条件、组织氛围，下属的工作效率也就会相应提高。

◎行为一：指挥性行为

总裁每天的工作可以细分为：制定战略目标、形成工作计划、分配工作、监督和指导下属的工作、考核员工、批评或者表扬下属、和企业内外进行沟通、展示和解释企业的目标、参加对外活动、阅读员工的汇报等等。这些工作都是总裁日常工作的重要组成部分，而对这些日常工作进行分类，其中第一类即指挥性行为。

指挥性行为

总裁布置工作任务、下达指令，对员工的工作进行检查、控制、指挥、指导和监督，这些工作都应该被归为典型的指挥行为。

因此，指挥性行为通常有着下面这些特点：

首先，指挥性行为是一种单向性的沟通方式，它主要表现为总裁将信息发出，而下属主要是接收。其次，指令性行为应该表现得相当充分准确，能够明确地告诉其下属怎样完成工作。

指挥性行为在企业（尤其是中小型企业）中，对于总裁的工作顺利推行有着重要意义，不妨看下面的案例：

刘总从副总裁被提升为总裁后，成为这家商贸公司的核心领导人物。然而，他的烦恼也随之而来。

当初，刘总以部门经理的身份进入公司，并没有预料到自己会成为企业的总裁。企业趁着经济景气时快速成长，并多次扩大规模，已经成为当地规模可观的大企业。然而，最近由于企业之间竞争激烈化，利润开始下降，不少企业的经营者开始采用较为严格的态度，同行们纷纷推行降低成本的管理方法。

然而，刘总发现，自己刚刚担任总裁，对下属却没有多少"命令"力。例如，刘总经常带领几个部门的领导加班开会讨论企业发展经营的策略，当会议结束后，部门经理们回到各自办公室却发现，部门的工作人员几乎都走了，只剩下一两名助理在而已。

刘总为此也曾经在公司集体会议上向全体员工说明企业面临的困难，但是，绝大多数员工都只是默默听着，散会之后依然我行我素。刘总发现，现在的年轻员工宁愿用上网、聊天、泡吧、KTV 等休闲活动来打发时间，也不愿意将精力花费在加班工作上。而那些老员工则要么选择了离开，要么升职担任了领导，要么缺乏原来的那种干劲。

刘总认为，想要让下属工作有良好结果，就应该按照自己当初工作的那种方式来推动，尽可能地通过正面激发引导、分组授权等方法进行工作。然而，从目前企业内部气氛来看，想要达到这样的目标并不是容易的事情——刘总越是想用民主的方式和下属进行接触，就越是发现自己正在进入左右为难的困境中。

作为总裁，刘总似乎还没有完全进入工作角色。其实，我也曾经听到他的下属反映，说他“过于民主”，过于在意“集体智慧”。不久后，在和刘总的一次交流中，我向他指出应该多注意指令性行为在领导工作中的重要性，他这才恍然大悟。

通过这个案例，我们可以看出，无论总裁属于怎样的领导风格，都不能缺少对指令性行为的重视。具体来说，指令性行为包括：做什么、为何做、什么时候做、在哪里做、谁可以做、怎样去做和花费多少成本去做。当总裁向员工清楚地下达这些指令后，他们将更加清楚自己的任务，并愿意服从集体的需要。

有效强化指令性行为

总裁需要注意的是，指令性行为并不等同于用强势的态度去下命令，指令性行为也可以是用友好的方式对他人给出指令。而对指令性行为进行强化，则需要抓住下面的关键点：

首先，指令性行为应该强调对结构的建立。善于发布指令性行为的总裁，往往会看重任务的结构，他们总是喜欢用结构化的流程来布置任务。例如，将某项工作任务具体划分为准备阶段、操作阶段、改正阶段和评价阶段。这样做，不仅利于发出具体指令，也利于进行下一步的检查进度和方向拓展。

其次，为指令性行为打造好组织。其中，人力、财力、物力、时间和信息都是组织的构成元素。总裁在进行指令性行为时，要重视上述资源的运用和协调，从而保证指令性行为的完成。

最后，在指令性行为之后，总裁应该做的不是不管不问，而是采取有效的事后监督从而确保工作任务的完成圆满。

总之，正因为总裁善于使用指令性行为，员工的工作能力才会得到具体提高，而总裁个人的工作绩效才能够得到充分保证。

◎行为二：支持性行为

总裁的日常工作中，除了指令性行为之外，支持性行为也占有重要地位。其中包括对企业的决定加以解释，对下属的绩效进行展示，对下属的职业发展给予关注，听取下属的看法，帮助下属获得应有资源等等。这些行为，都可以看作总裁对员工的支持性行为。

支持性行为

支持性行为的特点，主要表现在对员工的努力表示支持上。总裁需要通过支持性行为来鼓励下属，引导他们自发自觉地完成目标。

支持性行为和指令性行为之间最大的不同点，就是支持性行为主要是对下属的工作给予支持，而指令性行为则是要求下属去工作。由此可以看出，凡是能够做好指令性行为的总裁，必须要有支持性行为作为“后援”；反之，凡是能做好支持性行为的总裁，也需要指令性行为来予以保证。

具体来说，支持性行为较强的总裁，在工作中从来不会耳提面命地告诉员工一个简单的答案，他们总是喜欢通过有效提问来鼓励下属，暗示他们应该自己去找到解决问题的办法。而支持性行为的领导还会更加注意去开发下属的自主思维，激发他们的创新意识。

一家大型国企的总裁曾经在我的课堂上这样介绍自己的支持性领导行为，

他说：

我知道，如果企业让员工去尝试创新，那么他们实际上是在为自己和企业冒险，他们有着失败的可能，而这不仅需要勇气，更需要我在这些员工背后给以一些保护和支持。

因此，我有时候会为基层员工召开一些谈话会议，为了和他们更好接触，我甚至不允许他们的部门经理出席。我希望能在这样的会议上直接听取基层员工的意见，希望他们能够直接看到我对他们的支持态度。因此，这样的会议效果还不错，我们通常会讨论到具体的工作步骤、工作程序、公司的政策抑或一些需要的软件硬件设备等等。对于这些问题中的某些部分，我会加以处理，但另一些我会在分析之后交给员工，让他们拿出方法加以处理。最关键的是，这样的会议能让员工知道，虽然我是总裁，和他们之间有较多层级，但我一样会关注他们，我不会让他们在没有任何保护的情况下去为企业冒险。

正如案例所表现的这样，总裁的支持性行为必然和沟通行为相关联，其中的关键点在于问、听、鼓励和解释。

支持性行为的关键

下面这些要素是总裁是否能完成支持性行为的关键，实际上，这些关键点也是总裁能真正获得基层员工支持的重要方法：

首先是提出问题。善于支持员工的总裁，总是善于向员工问问题。一位不够成熟的总裁，经常会在面对员工时第一时间指出问题在哪里、怎样改正，而一位善于运用支持性行为的总裁则会提出问题，并请大家回答问题。

其次是积极聆听。善于支持员工的总裁，会真正给员工说话的时间和空间，并对员工表达的内容进行提炼，从而明确其中的关键信息。

再次是进行鼓励。那些善于给出支持性行为的总裁，会经常确认下属取得的成就，并当众予以赞扬，从而通过对员工价值的认可来鼓励他们自发工作。

最后是进行解释。在必要的情况下，总裁会向其下属解释做某项工作的重要性，或者解释工作的方法，这样将更加有利于推动员工的工作业绩。这是因为当总裁确认目标和重要性之后，员工会有更强的意愿去更好地完成工作。

九、四种不同的领导风格

◎第 1 种：命令式

任何总裁都不可能仅仅只使用指令性行为或者只使用支持性行为，与此相反，上述两种行为，在每个总裁身上都会或多或少地存在，但在具体的程度组合上，却会有着各自的不同。

如果我们将指令性行为看作横轴，将支持性行为看作纵轴，那么，就能组成四种不同的领导风格区间。

命令式风格

所谓命令式风格，是指当总裁采用的支持性行为较少、指令性性行为较多时，所体现出的领导风格。这种风格通常适用于处于刚刚开始发展阶段的企业。处在这个阶段的企业，经常会执行一些并不受员工欢迎、但对企业来说却起着决定性作用的政策，而在市场竞争的压力下，这样的命令式领导风格当然是能提高工作效率的。

命令式风格通常有下面的特点：

通常，喜欢命令式领导风格的总裁会告诉下属具体做怎样的工作、做该工作的原因、什么时候去做、用怎样的方法去做等等，而下属也大多会按照总裁提出的要求来完成事情。

在战略上，整个企业的决策大多按照总裁的意图来制定。而在沟通过程中，大多采取单向沟通的方式，由总裁和其他领导对员工的工作加以严格监督，并运用多种严格的制度和规则来加以约束。

这样的领导风格，经常受到一些新员工的好评：

小朱毕业后，由于实习表现不错，最终在一家中等规模企业的人力资源部工作。她在这里成长得很快，表现出很高的工作积极性，连续两年都进入整个公司优秀员工的名单。今年，小朱被提拔为培训经理，而这时她毕业才刚满三年。

小朱自己是怎样介绍工作经验的呢？她曾经作为员工代表在我的培训课程中介绍说："在我们公司，新员工的不同工作都会受到不同级别领导的相应关注，因此，他们的每一点成长都能得到整个部门乃至总裁的关注。有件事情让我印象很深刻，在我将一份独立的工作方案交给部门总监后，他在和总裁的会议上提到了我的方案，并请总裁看了一遍。总裁还专门对方案进行了一些修改和评点，要求我按照这样的原则进行修改，让我受益匪浅。"

显然，命令式风格对于小朱这样的新员工起到很现实的作用，能够产生良好的推动能力，因此，那些经常需要管理和培训新员工的总裁应该考虑在自己的领导工作中加以使用。

选择命令式风格

具体来说，命令式风格适用于那些工作能力缺乏而工作意愿较高的员工，也就是处于 D1 阶段的员工。这是因为，处于这个阶段的员工需要获得大量训练，从而快速提高工作技能，而并不需要进行太多激励。

为了更好地进行命令式风格的领导，总裁应该做好下面几方面工作：

首先，协助或者授权协助下属去发现问题。由于工作层级、工作时间的问题，总裁无法真正帮助基层员工去发现实际问题，但他们可以通过改变领导团队的工作思路，强调对下属予以帮助的重要性。如果每个部门经理都能为他的新下属及时指出问题，那么，总裁的命令式风格领导就能得到很好落实。

其次，明确地对新下属予以指导，并制定行动计划。总裁应该领导其下属开发和研究出针对新员工进行指导的培训计划，并编制出适合新员工参照执行的行动计划，这样，新员工就能很快理解总裁的命令并准确执行。

最后，总裁应该采取会议、通告等形式，明确告知整个企业他所期望看到的工作完成标准，并设计专门的工作程序来对新员工的工作是否达到标准进行及时地跟踪和反馈。

◎第 2 种：教练式

哈佛商学院的一位教授曾提出：“优秀的教育，其实就是总裁所作出的一种优秀管理；而在总裁对员工加以教练过程中所表现出的具体技巧，其实就是高效的管理技巧。”的确，如果总裁对员工进行教育训练所设定的目标越是接近于其领导的目标，企业内的员工在工作执行过程中、各种资源方面的利用上所表现出的效率就会越来越高。

教练式领导

这种领导方式的特点在于较高的指令性行为和较高的支持性行为。其中的指令性行为对员工的能力提升有重要帮助，支持性行为对员工工作意愿的增强有重要帮助。可以说，教练式领导较为适合的对象是那些表现比较平均乃至平庸的员工，他们既需要提高工作能力，也需要提高工作意愿。

H公司的杨总就经常以教练式的领导风格来启发自己的下属，并因此影响整个企业的领导方式。杨总的下属曾经讲过这么一个故事：

当时，刚刚担任市场部经理的小孙，整整花了三个月时间去操作一个和大客户之间来往的项目。他和他的下属与这家大客户相关的负责代表来往了十几封邮件，并面见了好几次，非常详细地介绍了H公司的产品——虽然该公司的产品在表现性能和实际数据上都超越了其他竞争对手，但客户代表的回信看上去却并不让人乐观。

杨总知道这件事情以后，专门让小孙到自己的办公室聊了一会，并和他共同回顾了该项目的推进过程。当杨总了解到小孙和客户的见面次数远远小于邮件的联系次数时，他想了想说道："小孙，你觉得对方究竟是对产品不感兴趣，还是对你这个人缺乏真正的了解？"

后来，小孙说，自己当时的感觉是瞬间豁然开朗。在接下来的三周内，他主动利用不同时间去拜见客户，并寻找客户最喜欢的兴趣点加以了解和分享，最终，小孙和他的团队顺利拿下了这名客户。

案例中，杨总用自己的教练能力对其下属员工进行了点拨，而员工也迅速理解，并产生更明确的工作方向、更集中的工作激情。可见，总裁在关键时期对教练风格式领导力的运用必不可少。

教练式领导的要点

卓越的总裁几乎都有这样的共识：想要让自己的领导工作高效，就必须积极采取行动，影响和推进周边环境的改变，并激励下属积极发挥自身潜力。因此，当总裁利用教练式风格领导企业时，必须要找到适当的沟通技巧，采取不同的方式和那些不同下属进行交流，从而帮助他们获得成功 。

以下是教练式领导风格的要点：

首先，要做到言传身教。这就要求总裁发现下属遇到困难时，应该用自己的行动去影响和改变。例如，进行直接讨论或者引导性工作，给下属作出示范，告诉他们，如果是你面对这样的工作会怎样做。这样，下属就会敬佩和尊重你，进而服从你的领导。

其次，要做到将工作和培养加以结合。一些总裁认为，自己下属的能力总是比其他人低，但实际上不应该排除这样的可能：作为总裁，你缺乏对其个人培养的重视。因此，总裁应该明确自己的职责定位，去帮助下属员工积极学习，并让他们在实际工作中得到锻炼和培养。

最后，要有选择地对员工加以训练。这是因为，如果不加选择，那么，下属就会被一个又一个的问题困扰，不断前来寻找“教练”。这样，教练员成了救火队员。实际上，这样的误区是必须避免的，总裁在对员工加以训练时，一定要选择那些有针对性，有代表性的问题，而不是对所有员工的所有问题都加以解决和训练。

◎第 3 种：支持式

支持式的领导行为，包括总裁对下属地位、身份的关心，对下属健康和幸福需要的满足。成熟的支持型总裁，都能对下属在工作中遇到的问题抱以一种友善和体贴的态度。他们能够用自己的行动支持和鼓励员工在职业方面的发展。

同时，支持型总裁对待他人较为友善平等，他们喜欢用开放式的双向沟通来交流。他们对下属充满信任和尊重，并能够主动地将这样的信任和尊重表现给下属，从而让下属感到自身的价值得到体现且重要性得到提高。当然，支持型总裁让下属获得足够的工作资源、保持他们信息灵通的状态并帮助他们获得专业水平上的不断提高，也是其自身领导卓有成效的重要标志。

支持型领导行为

在那些卓有成效的总裁的工作实践中，表现出支持型领导行为是相当普遍的，其重要性在不同行业和不同企业中都得到了充分肯定。而总裁们也通过这样的行为建立起了良好的个人和企业之间的关系。这是因为总裁采取这样的工作方式，满足了整个企业内部员工希望被关心和被欣赏的实际需要，满足了他们因为有工作才能和工作价值而受到尊敬的需要，满足了他们不断进步的需要。因此，总裁利用支持型领导行为加强了整个企业内部的凝聚力，并用以团结员工，防止他们的关系变得紧张起来。实际上，不少企业的内部问题，都会表现为企业内成员之间的不断纷争和紧张关系。正是因为利用了支持型领导行为，才有利于帮助员工改变情绪，同时改变员工和领导之间的关系。

下面这个案例正体现出了总裁采用支持型领导行为的重要意义：

C 总裁是某家汽车生产企业有史以来的第一位女总裁。起初，她在一所高校的心理学专业担任教师，后来她进入企业界成为一名人力资源专家，再后来，她成为该汽车生产企业的 HR 顾问，并有希望成为生产线的主管。此后，她不断在该企业获得各种各样的实践工作经历，积累了丰富经验，成为了人们印象中一个博学而值得信赖的领导。

当C总裁正式成为该企业的核心领导人之后，其管理业绩直线上升，而团队内员工的抱怨情绪从原来很高的程度降到几乎为零。其中，员工违纪现象降低了80%左右，而整个工厂的生产业绩增加了40%。

C总裁是如何做到这一点的呢？她正是运用了支持型领导方式，注重人的价值发挥超过资源的价值。例如，这家企业原来的管理人员总是习惯于闭门造车，拒绝沟通，而C总裁却反对这样做，她总是先强调沟通的重要性，然后再去进行工作实践上的操作。因此，她坚持接触企业内不同阶层的员工，经常去生产一线和工人们交谈，并提供具体帮助。不少人认为，正是C总裁这样重视基层的工作者，给他们多重的关怀和支持，才获得了员工应有的尊敬和信任。

虽然C总裁的支持型领导行为并不意味着她会去解决实际问题，但由于她表现出事必躬亲的支持型领导方法，使得她赢得了员工的积极配合。可见，支持型领导行为对于总裁工作常常意味着直接支持率的高低。

支持型领导方法

采用支持型领导方法的总裁，能够带动整个企业员工的自信心上升，并防止他们在工作时心不在焉。因此，总裁应该利用各种方法提高自己使用这种方法的成效。

首先，最重要的支持型领导方法就是对员工的授权。在领导关系中，授权意味着和动机的联系，而通过总裁的有效授权，能够让员工充分感受到自身的工作能力和决断能力不断提高，会发现工作更加重要和富有意义。因此，总裁应该积极地给员工授予权力，去推动他们感受到外界的重视，并创造工作中有意义的氛围。另外，通过授权还能有效引发员工的创新行为，增强他们的工作耐心。

其次，支持型领导行为的对象应该是每一个需要得到支持的员工，而不仅仅是对那些工作杰出者的奖励。这是因为，员工的需要是不断变化的，当需要中出现那些安全感、自我管理工作或者工作能力等方面的问题时，这些问题就需要总裁等领导的支持，而当问题解决后，总裁给其个人的支持就可以相应减少。这就需要总裁能够尽可能去寻找那些有特定需要的员工，并给以足够的刺激、奖励等支持。

另外，正如总裁们在课程中提出的那样，不同的企业文化中，不同总裁应该采用的支持方式也是不同的。例如，欧美企业文化中的领导，喜欢和下属共享信息，并欢迎他们在工作场合中提出看法与建议；而日本、中国台湾等企业文化中的领导，则往往注重工作时间以外对员工的支持。显然，当总裁来到一家新企业时，应该做的是适应该企业的组织文化，并做到用正确方式去表示对员工的支持。

总之，支持型领导行为是涉及更多下属个人行为的领导方式，这样的领导行为如果工作到位将会有助于促进企业工作团队的完整发展，否则，很容易带来不良反应。

◎第 4 种：授权式

一个有趣的事实是：当总裁和他人共同分享自身权力时，他的权力和影响力反而会获得扩大。这个说法看起来似乎自相矛盾，但却具备其实际的合理性。这是因为，当下属得到了来自总裁的授权之后，就能实现更多的成就，并由此推动整个企业焕发出更大的生产力。同时，总裁也会因为这种来自集体的成功，而获得更好的工作业绩，就能因此更多地完成领导任务。

所以，一个真正成熟的总裁，让其下属感到自己确实有权力，而且能够依靠自身的权力去完成任务。这样，那些愿意主动向下属授权的总裁，会被看作真正有影响力的人，而在现在竞争激烈的时代中，由于对知识、技能、信息的依赖程度在不断增加，最成功的企业显然是总裁可以最有效地利用授权式领导来经营的企业。

授权式领导

对员工加以授权，这样的领导实践活动本身就是一个良好机会，教导员工去完成任务。因此，总裁对员工分配的任务应当和权力有足够的匹配性，能够激发下属学习新的工作技能。而在工作技能发展的过程中，员工也能够从对权力的运用中受益匪浅。

黄总是上海一家销售中型卡车的营销公司的总裁，因为在行业内位列前茅，而受到公司董事会的表扬。下面是他对于授权的一些看法，而这些看法无疑旁证了我在研究中提出的关于授权和派遣的成果：

“每当我决定进行一项任务后，我会将这项任务交给经理，然后向他加以简单的解释，强调这个任务的重要性，并指出这个任务对于企业产品推销和整体计划的相关重要性。之后，我会和他确定完成任务所需要的权限，并确定任务最迟何时完成。这样，这个项目就会交给他来负责，而我会暂时选择退出，腾出手来做其他更加重要的工作。实际上，当我将这些项目以及权力和具体的负责者交代清楚后，他会变得比一开始更加自信，甚至有可能比我自己去着手推行项目做得还要出色。通过这样的工作过程我发现，只要做到充分授权，总裁就能做到对公司的前途加以拓展，让公司的业绩不断增加。”

正如黄总的实践那样，对下属加以合理授权，经常会获得上述一举两得的收益。当然，黄总的授权之所以成功，其中重要原因在于学会忽视一定的细节。这是因为既然决定授权给他人，就要相信对方能够掌握好细节，因此，一开始授权时不应过多强调细节，否则反而会打击下属的尝试精神和工作热情。

授权式领导的要点

想要做到像黄总那样自如地授权，总裁必须要学会转变自己陈旧的思维方式，养成良好的授权习惯。

除此以外，要做到成功授权，总裁还要有正确的领导态度、有效的沟通技巧，并明确授权过程的重点。下面这些原则是值得注意的：

首先，总裁应该将授权行为和企业的战略目标加以结合，这样授权所产生的效果就会更好。当获得权力的下属明白自己有责任去利用好这些权力、支持企业的项目之后，他们就会在工作中将自己对权力的运用、对企业利益的关心看作一个整体。

其次，授权的同时，总裁应该给下属提供充分的信息。这样，总裁就能够帮助下属去真正了解自身对权力的利用是如何对企业的成本、利润和产品、服务造成影响的。同时，有了这些信息，下属更有可能作出对组织的利益有足够积极作用的工作决策；反之，下属很容易在权力面前迷失。

再次，最重要的权力是允许员工选择的权力。总裁应该对下属（无论是个人还是集体）去解释他们应该运用的权力方向，并围绕这些权力方向来选择工作方法。在这样的过程中，总裁应该允许这些员工去选择扮演不同的角色，去选择他们运用怎样的方法完成任务。

最后，总裁还应该明确具体的规则来限制那些被授予的权力。经常会遇到的问题是，由于总裁缺乏对授权分寸的把握，导致被授权的下属经常觉得自己可以任意行事，而不和其他企业成员进行协商。因此，总裁需要对这些成员强调，他们虽然获得了权力，但有些事情是被禁止的，说明这些事情是总裁在授权的同时所应该完成的工作。

十、领导风格诊断：如何改进我们的领导风格

◎领导风格和角色转换

在经济全球化不可阻挡的大势面前，总裁对企业的领导和管理也必然进入新的时代。总裁的领导理念和思维以及在其指导下的领导方式，也将逐步走向现代化、知识化和多元化。这就决定了在这种迅速变化的时代背景下，不管是总裁自身领导风格的变化，还是其领导角色的变化，其转换的频率、速度和跨度都是传统的领导过程所无法适应的。总裁想要真正实现在这种快节奏下的领导，就必须要提高自我调适改变角色的能力，有效地克服不同领导风格和角色之间的转换冲突，并能够顺利进入不同角色。

风格和角色的冲突

对领导风格和角色之间的转换有所阻碍的，正是其相互之间的冲突。而对于总裁来说，当他们刚刚进入新的领导角色或使用新的工作风格时，经常

容易因为无法准确地把握好自己对角色规范的理解、对角色付出的期待，而出现转换过程中的不适应，导致自身表现和角色规定之间的冲突。

常见的冲突包括下面这几种：

首先是角色怀念。毋庸置疑，总裁所担任的角色是动态的，随着具体领导对象的变化、领导事项的变化，都需要总裁能够在担任新角色的时候，及时“忘记”原有角色和风格。但事实上不少总裁在应该积极变化自身角色和风格时，却将角色的心理、工作的习惯停留在原有工作状态中，并不适应新的领导状态，结果妨碍了自己进入新角色。

其次是对新领导风格的恐惧。我的一些总裁学员曾经坦言，自己并非不知道采取新的领导风格可能会带来更大收益，但是，由于习惯了原有的领导风格和角色，自己总是担心采取了新的领导风格、转换了新的角色之后会造成企业的混乱。可见，缺乏必要的转换勇气，也是这些总裁应该予以证实和克服的问题。

再次是对风格和角色模糊。总裁往往是多重角色的统一，他们既是命令者，也是授权者，既是支持者，也是考核者，因此，总裁必须要对角色规范和期待做到心中有数，准确把握。而混淆自己的多重角色之间的区别，导致角色产生模糊，就会缺乏对自身领导行为规范的认识，造成不同角色之间的冲突，影响总裁的职场形象。

最后是对风格和角色的错误运用。如果总裁缺乏对领导局势的判断能力，就容易导致无法去把握自身新的角色地位和领导规范，造成领导角色的失当或者错位。这种错误并不仅仅是工作能力的问题，而是无法认清自己在特定时间担任的特定角色，是一种不对称的角色冲突。

可以说，总裁只有先解决好这些冲突，才能做到真正地去实现自身角色的自如转换、领导风格的随心运用。

如何转换角色和领导风格

在学习如何对自身的角色和领导风格加以转换之前，不妨先来看下面这个案例：

秦总临危受命，被总公司派到一家分公司担任总裁，这家公司已经连续数年没有完成业务指标、亏损严重。而秦总负责的工作是带领他们尽快扭亏为盈。

上任伊始，秦总首先和公司管理团队的成员们共进晚餐，目的是为了让每个管理者都认识到公司目前的处境，也是为了让自己能迅速了解他们每个人的角度和看法。在这个阶段，秦总使用了支持式风格的领导行为。其中，有位经理人向秦总倾诉烦恼，说他的不少下属对他有意见，觉得他的领导缺乏公平精神，而他自己并不这样想。秦总知道，这位经理人在分公司工作时间很长，有着丰富的工作经验，于是便向他承诺，一旦他的工作行为看起来违背公平精神时，就会及时提醒他，这时候，秦总使用了教练式风格的领导行为。

当管理人员的奉献精神确立以后，秦总开始采用命令式风格的领导方式。他开始召集公司全体会议，将工作任务分解落实到员工身上，并要求每个工作人员都对自己的工作任务负责。为此，秦总特别强调，如果有人不能尽职尽责，自己将会毫不留情地执行纪律，以确保“留下”的员工能全身心投入工作。为了保证员工们能够真正获得监督，他还授权给不同部门的经理，让他们有足够的奖惩权，这时候，秦总采用了授权式的领导风格。

在这样自如的领导角色和风格变换的过程中，秦总带领分公司最终获得了成功，顺利超额完成了全年的利润指标。

总裁不仅要学会对不同的员工采取不同的领导风格，对同样的员工也要根据其不同处境来决定自己的领导角色和风格。是否能够根据企业的团队水平来决定领导风格和角色，是影响总裁成熟程度的重要因素。

◎四种领导方式的共同特点

对四种领导方式有了初步了解之后，总裁最容易忽视这样一个事实：四种领导方式虽然表现为不同的风格，但实际上具有共同特点。

不同领导方式的共同需要

只有把握好四种领导方式的共同需要，总裁才能做到在这些领导方式之间自如转换，而不至于将之相互割裂。

首先，四种领导方式都需要设定目标。这是因为无论员工具体处于四种发展阶段中的哪一种，也无论总裁采用任何一种领导方式，他们都需要在领导方式的运用过程中，为自己的下属制定明确的目标。这就需要总裁了解，无论在哪种领导方式下，都不能将设定目标的权力完全下放给下属员工，否则会造成工作目标的偏移。当然，在制定具体工作目标的时候，是可以并且应该考虑让下属参与其中的，特别是对于哪些发展层次较高的下属，更有必要吸收他们参与目标的设定。

其次，四种领导方式都需要去积极观察领导方法的使用效果，并及时跟踪考核下属的工作业绩。这是因为，所有能反映领导风格的目标都应当是具有激励性的，同时具有一定的挑战性，并具备充分的可实现性。这些目标只有充分的难度，才能让下属为之努力。因此，作为总裁，应该在布置目标之后，在跟踪下属的工作过程中，积极发现他们是否能够足以胜任这样的工作目标，并考察他们是否在实现目标的过程中发挥了自己的全部能力。而跟踪考察下属工作的频率，则取决于他们本身的发展层次的高低：发展层次比较高的员工，选择跟踪的频率就应该低一点，从而节省必要的工作时间和精力；而发展层次比较低的员工，总裁就要花费更多时间进行必要的跟踪和指导。

注意进行反馈

由于下属各自所处的发展阶段不同，他们的工作经验、能力和意愿都有所不同，因此，很容易在工作的过程中有所失误。因此，除了对他们进行工作绩效上的追踪，总裁还要对他们进行及时的反馈。不论采取哪种风格的领导方式，总裁都需要及时将自身对他们工作的评价加以反馈，否则就谈不上成功的领导。

来看看下面这个反馈的案例：

一家公司的总裁在进行会议时提到，公司里面不同部门的公文写作水平都有所不足，不过，行政部门的小陈是个特例，公文写得不错。总裁说，小陈写报告，提出问题的同时，也会给出答案。其次，在给出答案之后，还会再加上几点从不同角度总结出来的工作意见供上层领导加以选择。再次，他还能够计算成本支出和获利之间的对比，从而帮助上层领导一目了然地挑选出更适合的工作方法。另外，小陈的报告没有废话，言简意赅，能够节省阅读者的时间。

经过总裁这样的表扬，小陈的报告方法得到了推广，不少人开始关注其写作的方法，并向他主动请教。而小陈自己对工作的态度也在原有基础上得到更好提升。

类似这样的反馈，应该是不同领导风格所必需的领导方法。具体来说，反馈主要包括下面三种类型：正面反馈、负面反馈和修正反馈。

正面反馈，主要是对员工的正面行为加以肯定，并促成这样的行为再次出现。在作正面反馈时，总裁应该及时总结员工行为中表现出的正面因素，并利用反馈加以推广。

负面反馈，即通常情况下总裁所作出的批评。如果必须对下属进行批评，总裁应该尽量做到减少负面反馈对于下属产生的工作情绪上的打击。

修正反馈，应该结合正面和负面反馈加以进行。在这种反馈中，总裁应该指出员工做的好的地方，同时，进一步指出其不足。这种反馈类似于做“三明治”，即优点＋改进点，最后加上信任的部分。

◎弹性运用四种领导风格

在实际的领导工作中，经常会出现这样的情况：当总裁采用某种领导方式告诉下属应该怎样工作时，他们的发展阶段并不适应这样的领导方式，结果造成下属工作的效果很难尽如人意。而这时，总裁又会回到独裁式的领导风格中，对下属加以苛责，对错误源头加以追究，甚至动辄惩罚处理员工。但实际上，这样的领导风格只会不断造成员工对于工作的厌倦、不断加大领导者乃至总裁对自己工作的挫折感。因此，总裁必须要防止自己的领导风格僵化，要学会风格的弹性使用，灵活变化。

领导风格的僵化

虽然领导风格必须要不断根据实际的工作情境加以变化，但领导实践中，不少总裁容易忽视这一点，因为种种原因造成自身工作风格的僵化。

下面的案例，就表现出了这种领导风格的僵化是如何产生和发生负面作用的：

金总在一家家电产品营销公司担任总裁，他认为，自己是个很懂得人性化管理的领导，但公司的员工并不全是积极和富有工作能力的员工。实际上，自从他担任总裁以后，公司的一部分员工有能力、有意愿去完成工作，而另一些员工则会表现得对工作并不关心，同时缺乏工作能力去完成任务。

例如，市场营销部的经理小王、人力资源部的经理小武就是相当典型的例子。小王工作已经五年了，对工作负责，效率很高，金总相信他即使在没有监督的情况下也能很好完成工作。而小武被提拔为经理才半年不到，有时候，他花费在和下属之间进行沟通上的时间太多，而且几乎总是部门经理中下班最早的那个人。

为此，金总好几次找小武谈话，但小武的管理绩效看起来并没有得到真正的提高。金总觉得，自己对小武施加的压力也许太高了，导致他不愿意正确履行，于是他对其工作和生活给予更多关心，试图表现出自己对他的理解和支持，希望能通过这样的办法，帮助其尽快获得成长，然后进入良好的状态中。然而，之后的事实证明，小武并没有表现出业绩上的提高，反而带动其他部门的经理放松下来，这时候，金总才开始反思，自己到底哪里出现了问题？

其实，在现实的领导工作中，每个总裁都有自己业已习惯的领导模式，然而，他们不能只是在无意识的过程中使用习惯的领导模式来引导不同下属的工作。这是因为作为企业的核心领导成员，他们必须了解不同的领导风格特点，并随时注意克服自己的惰性、缺点，并注意调整工作的风格。

弹性风格需要的改变

随着员工的变化、工作项目的变化，总裁工作内容也会随之改变，这样才是真正的弹性领导风格。

无论你是否意识到，这些改变事实上都是客观存在的，它们主要包括：

角色改变——在不同的工作项目上，总裁需要扮演不同的具体角色。有些项目需要他是发号施令者，有些项目需要他是支持者，还有些项目需要他是具体的教练。

具体工作的改变——在不同的领导工作中，总裁所做的具体工作也不同。例如，某些工作需要他积极准备计划，而有些工作则只需要他执行纪律、提出要求。

人际关系的改变——由于存在上述改变，总裁和下属之间的具体人际关系也会改变。例如，面对不同的员工，总裁分别决定相互之间的不同人际关系。

评价方式的改变——总裁在采取不同风格的领导方式时，评价的方式也需要进行不同的改变。例如，在教练式风格领导时，采取的应该是较为私密的评价方式，在命令式风格领导时，采取的应该是公开的评价方式。

总之，弹性运用不同的领导风格，总裁需要做到因人而异、因时而异、因事而异。在企业发展的不同阶段，对不同的环境，采取不同的领导方式。而对于不同岗位的员工，也需要根据其位于的不同层次，采取不同的领导态度。

第四章

教练技术：造就精英下属

十一、何为教练技术

◎教练是什么

著名的企业教练劳伦斯曾说过：“一个专业的教练，会相信每个人都是愿意进步的，都想去自我改善，只不过总会有些东西成为他的阻碍。一旦他真正看清楚自己的位置或状态，他完全有能力自己作出选择，去自我改善。人们之所以不去改善自己，往往只是因为他们还没有真正看清自己是怎样的。”

教练的定义

总裁只有正确地认识到教练的定义，才能在企业中扮演好这一重要角色。在下属的眼中，教练的行为是一把标尺，通过这把标尺的衡量，员工才能意识到自己工作方法的正误，才能明确自我改变的时机和方法，并树立自身提升的标准，从而良好地对自己加以督促。

同样，总裁的教练角色也表现在具体的工作中。由于员工缺乏工作能力或经验，抑或他们没有足够的大局观，因此虽然了解具体工作目标，但往往苦于缺少正确途径。这时，总裁就应该发挥其教练的重要作用，努力帮助员工形成切实可行的工作计划，帮助员工利用计划来挖掘其自身工作潜能，并逐步成功实现工作目标。

可以说，一个企业内的员工集体，是否能够有良好发展，并不仅仅在于他们是否努力工作，同时也和其上司是否能够用教练的心态和方法加以引导培育有着重要关系，而最适合扮演教练的，当然是企业的核心领导人。

需要注意的是，总裁扮演的是教练，而不是教师。因此，总裁不需要直接告诉员工关于具体问题的答案，而应该负责提供理念、思维方向。同样，总裁也不是员工的顾问，不需要以教练的方式去帮助员工获得直接解决问题、实现目标的方案，而是应该督促和引导员工自己去探索，并鼓励他们从中焕发工作激情，实现工作潜力的发挥。总裁更不是对员工心理加以辅导的心理问题专家，这也决定了教练并非是要对员工心理加以辅导的角色，而是需要员工自行对其心理情绪加以管理。

总而言之，作为教练的企业高层领导，不应该过分关心员工那些细枝末节的问题，而应该关注他们整体的工作走向，不应该过分关心员工的既往表现，而应该关心员工的现在和未来。可以说，教练扮演的并非传统管理角色，而是与之恰恰相反：关注人，而并非关注事情。

教练的本质是实干

我曾经参加过一次权威机构的调查，最终的结果显示，在自觉扮演教练的总裁群体中，有将近 90% 以上的人都能将自己的工作理论和工作实践能力带入对员工的领导工作中，从而做到理论和实践在领导工作层面中的完美结合，并帮助企业获得更多的优秀人力资源。

那么，如何做到这一点呢？

首先，扮演教练 ，意味着总裁应该及时引导员工学会思考问题的方法。如果直接教给员工知识，常常会导致他们形成依赖性，犹如只是获得了鱼而没有获得捕鱼的技术。正确的做法应该是让员工学会方法，并学会在下次出现问题时可以迅速找到答案，从而提前对问题加以解决。

陈宇作为一名总裁，深受员工的尊敬，这同他是整个企业内“总教练”的角色分不开，不少员工在同他接触以后，都感到自己学会了正确的工作理念。

实际上，陈总对员工教练的方法并不复杂，但却具备相当的特性。当员工在工作中发现问题，前来向他诉苦或者寻求支持时，他并不会直接作出回答，也不会直接给出解决方案，而是在思考之后，发现问题的不同隐藏方面，并就这些隐藏问题，向员工反问问题。当员工被陈总“问倒”之后，很容易理清事情的脉络，找到问题产生的根源。随之，员工也就能够找到自身应该采取的对策，问题于是迎刃而解。陈总正是利用这样的教练方式去帮助下属，而经过他独特的指导，其下属们也学会了用这样的方法去教练其他员工。

和陈宇一样，总裁应该学会将其下属也培养成称职的教练。这是因为一个总教练即使工作再勤奋，也需要不同的助手加以辅助。同样，一名合格的总裁不仅要身体力行，还要帮助其他管理者成为合格的教练。因此，总裁要将自己对于教练工作的看法系统地在工作实践中传授给其他管理者，帮助他们成为教练，这样才能形成持续的教练效果。

最后，总裁应该在企业中创建起学习型文化。人类的知识之所以能够得到不断传承，是因为教育机构的存在。同样，总裁要想让管理者的教练技术得到更好发扬，就应该在企业中创建从下到上不同的学习组织，打造企业统一的学习文化，让员工有机会接受到教练技术，并因此而更加善于学习。

成功的总裁善于实干，也必然因此而善于教练员工。当总裁能够用教练角色自我要求时，他就能在实践工作中真正改变员工和企业。

◎教练的四大职能

总裁在工作中总是有不同的方式去理解什么是其教练职能。我对他们经常作出的提示是：首先，站在观察其职位为何要进行教练活动的角度上去理解，即总裁的教练职能究竟为何；其次，是讨论其对员工进行教练的过程中需要怎样的技能，即总裁的教练能力包括哪些。在这样的基础上，教练的职能将得以明确。

总裁和教练的关系

总裁的工作看似和教练的工作并不相同，但实际上，两者之间有着紧密的联系。这是因为，总裁不可能永远依靠现成的人才来开拓企业，而一个能够不断影响他人、帮助他人提高的管理者，也自然会不断取得业绩自我提升，成为企业的核心领导者。

在总裁教练力的研究历史中，有这样一个著名的案例：

1970年，美国一家著名的公司邀请网球教练Timothy Gallwey来公司担任经理培训工作。这是因为Gallwey曾经通过媒体向公众宣称，由于自己的教练能力和经验，可以帮助一个完全不懂怎么打网球的人在20分钟内学会打网球。

这样的声明，引起了美国ABC电视台的关注，于是他们真的招募来20名热心的志愿者，并经过公证、签署了法律上的文件，证明自己不会打网球，其中还包括一名55岁的肥胖女性。结果是，在给予每个人20分钟的教练之后，Gallwey真的教会了这20名志愿者打网球。事后，Gallwey解释说，他并不是利用这短短的20分钟时间去教他们怎样打网球，而是先去帮助他们打破那种固有信念，转变了他们的心态，让他们从并不相信自己会打网球到相信自己会打网球。后来，包括那名肥胖的女子在内，所有的志愿者都介绍说，教练 Gallwey 让她做的只是尽量把注意力集中到打球上，而并非一开始就学习具体的技巧。

事实表明，当 Gallwey 的经验被企业学会之后，很快获得了良好的效果，企业的高管学会教练能力后，将能够更好地处理自己的工作关系，明确自己的工作重点。

教练职能分类

总裁应该清楚，教练的四项基本职能包括：辅导、指导、挑战和建议。

首先是辅导行为。可以说，辅导包括大量的教练行为，包括帮助下属获得应有的知识、能力和技能，辅导员工的学习、发展和成长，从而帮助员工避免可能出现的自满，使得他们产生不断积极自愿学习和提升自己的责任感，并鼓励员工将自己获得的资源运用于工作实践。

其次是指导行为。指导行为包括总裁提供必要和充分的引导工作，从而帮助下属掌握应有的工作技能。通过这样的指导，能够帮助员工明确他们的职业生涯，并加以正确设计，同时，还能够增强员工对于企业文化的关注。具体来说，指导员工的行为还包括总裁如何帮助员工去认识他们的工作行为、如何分清企业组织内部的关键员工、如何去理解不同事件对组织内产生的不同影响。

再次是挑战。这部分的教练职能和总裁的工作业绩有着密切的关系。通过为员工设计好挑战，并帮助他们实现挑战的成功，总裁将能够帮助那些看起来并不成功的下属获得应有的成功，从而帮助他们达到更好的层次。

最后是建议。这部分同样也是总裁应该实现的教练职能，通过这部分职能的实现，总裁将能够帮助员工去熟悉、了解、解决那些已经影响其工作绩效而并没有表现充分的问题。在这个过程中，总裁需要给出员工建议，而并不是直接给出方法。另外，在建议的过程中，总裁需要注意帮助员工树立充分的信心，从而解决问题。

当然，这四方面的教练职能本身有着诸多相似地方，同时经常会体现在不同的教练过程中。因此，总裁需要有足够的敏锐性去对这些职能加以清楚区分，并运用不同的技能来完整地履行上述四方面的职能。

十二、为什么要教练下属

◎拥有精进的技能才能达成目标

以教练的身份出现的总裁，应该为自己的工作选择正确的目标，同时，为这样的工作过程建立起明确的框架，从而做到适应教练职能、适应工作环境。然而，教练工作并非简单就能够加以实践的，而是需要在更为合适的轻松环境中加以进行。这是因为，不少总裁都是从团队工作中开始自己的职业生涯，而并非是教练工作。因此，他们需要学会怎样为教练工作来改变自己的沟通习惯，这些沟通习惯包括如何去给员工以帮助、如何给员工建议，以及如何向他们提出工作的相关问题并进行讨论。

除此之外，总裁还需要知道自己在教练员工的过程中还需要哪些技能。

教练技能分类

总裁在对员工进行教练的过程中，并不一定需要完全使用下面的所有技能。但掌握这些技能，意味着总裁将有更大可能去开拓一个能够让员工足够尊重、足够理解并产生足够明确效果的教练环境。

主要的教练技能包括：

认可——即通过一些并不是技术评论的语言，表明自己对员工所汇报事情作出的反应。这些语言可以是简单的"知道了""好的"，也可以是比较长的句子，例如"这些很有道理""你说的我可以理解"等等。这些实际上是为了表明自己可以和员工互相认可、互相沟通，并鼓励他们能够积极说下去。

参与——通过具体的行为去表示自己参与了下属的工作内容。例如，给出关注的姿态、点头、视线接触等等。这些行为说明总裁对下属工作的实际参与，并加以明确表达。

肯定——总裁告诉员工具有怎样的价值优势，作出过怎样的积极贡献，这样，员工会感到自己的工作业绩被总裁认可，并愿意接受接下来的教练工作。

确定——包括总裁对员工的具体影响，从而确保他们能够赞成自己的建议、采用自己的方法。例如，总裁可以问："你可以用自己的话来复述我提供的那些步骤吗？"或者"希望你能够根据我们讨论的结果来修改方案，然后我们继续讨论"。

指明——总裁提供具体而实际的信息给员工，例如，"你这次的报告使用的数字还是上个季度的"，这样的信息必然比"你的报告不够准确"要有效得多。

探究——总裁应该通过提问来从员工那里获得更多的信息，或者更加深入地讨论某些工作中的问题。例如，"你觉得你的部门还可以在哪些方面承担更多的责任？"或者"如果下一次你还面临这样的问题，你将会怎么做？"

反应——总裁应该用自己的话语去解释员工提供的信息，并向员工表明自己接收到这样的信息，防止产生误会。例如，“你的话的意思，是否对于自己的工作经验不够而感到需要加以学习？”

资源——总裁在担任教练时，应该确保自己成为企业员工的重要资源来源，包括对信息的提供、对员工工作行为的具体支持和提出应有的建议。

回顾——在担任教练的过程中，总裁需要在结束部分作出强调，并保证不同的员工能够对自己予以理解。这部分回顾的技能,总裁可以通过不同方式，如书面、会议或者一对一的谈话加以实现。

教练技能的运用

对于许多员工来说，并不容易接受总裁的教练角色，这就意味着必须先由总裁建立起一个足够开放、足够接纳的环境。在这样的环境中，总裁还需要像下面的案例中那样正确地运用教练的技能。

由于竞争不断激烈，D公司总裁意识到，需要一种新的教练文化来推进企业的文化发展。于是，总裁发起了企业教练技术训练来推动整个企业的管理升级。其中主要包括三个阶段：首先是教练技能的培训课程，其次是管理者对员工的一对一教练，最后是针对上述两个阶段中的培训者召开相关的总结研讨会。

具体来说，在第一个阶段中，总裁让部门经理掌握相应教练行为的有效技巧。这个课程中包括了大量的教练技巧，例如设定目标、学习倾听和获取资源。在第二个阶段中，部门经理起码要参加至少两次的一对一教练活动，其目的在于保证教练技能能够得到实际的操作，并解决使用教练技能过程中产生的问题。而在第三个阶段中，对前面两个阶段的工作加以总结研讨，并共享相互之间的信息，从而解决在教练行为使用过程中可能遇到的问题为下一步工作打好基础。

通过上述案例，我们看到总裁在教练技能的运用过程中应该注意下面的原则：

首先，总裁应该在整个企业中积极建立整体的教练理念，将自己的教练技能和教练理念传授给下属，并帮助基层管理者学习到更多教练技能。

其次，总裁有必要将不同部门、不同层级的管理者分成不同等级的教练小组，这样，不同层级的不同小组就能够产生不同的教练层次，便于相互之间进行共同交流，确保教练技能的有效实施。

最后，教练技能应该和其他方面的管理职能加以结合，并且这种结合越是紧密，效果就会越好。这是因为教练技能运用的一方面目的正是在于提高员工自身工作绩效、促进员工自身发展。而正确运用教练技能，则能够为企业整体教练技能的运用奠定基础。

◎培育下属成为“钓鱼”的高手

管理的本质，是为了通过对下属的引导来达到工作目标，这样的过程中必然有着通过授权和教练方法来影响下属的成分。然而，真正做到这一点并不简单，因为总裁仅仅依靠对下属说一句“学会工作”，是不可能提高企业整体的工作效率的。如果总裁只会这样做，整个企业就可能受到茫然无措的员工的影响而效率低下，同时，员工自身的工作质量也会因此而下降。

教会下属正确工作

总裁每天需要处理不同的工作，应该将最重要的工作留给自己，而那些并不重要的工作就应该交给下属去做。而这就会导致企业内的工作过程出现这样的问题：员工是否有能力将工作做好？面对这样的问题，一些总裁只是对员工加以简单的培养，甚至只是强行将“鱼”送给他们，这样在短期内看起来似乎相当有效，然而，如果不教会员工们学会钓鱼，将不利于他们的长期发展，更不利于企业的长期发展。

我认识的一家公司的总裁H，在他的名片上并没有写出自己的职位，而只写了“教练”两个字。有人曾经问他，为什么在名片上只有教练的称呼，H总解释说，一名合格的总裁，必须要先通过教练的方法，培养好自己的直接下属，然后再发展更多的合格的基层员工，这样才能实现整个企业提升利润的目标。因此，他将大约30%的工作时间和精力花费在对员工的提升和发展上，并经常直接负责一些教练工作，如确定员工的培训需求、制定员工的培训计划、制定员工的培训表等等，然后就是对员工直接进行培训，并评估培训总体成果。当然，在实际工作中，H总也经常和下属们进行交流，例如教授他们如何进行客户接待、如何具体分析财务报表。

可以说，真正的教练式总裁，不会只是抱着自己的领导工作技巧，而是应该将解决问题的所有技巧教给不同的下属，并确保下属成为在不同方面都能负起责任的人才。因此，聪明的总裁有着更高的能力，他们不仅能够给下属“鱼”，还会要求下属学会“钓鱼”，能够确保他们也会对其下属加以教育训练，并实现自身价值。

“钓鱼”在于速度

教会下属工作，如同教会他们“钓鱼”，而“钓鱼”的关键首先在于速度。这是因为现代市场中的竞争，需要有更快的速度、更高的质量，反之，员工即使能付出较高质量的工作，依然无法在时间上获得领先。

下面的这些策略，如果运用得当，就能够帮助总裁有效地教会下属“钓鱼”。

首先，总裁应该简化整个企业的文件批准程序，并尽量减少活动。领导机制过于复杂，会导致企业工作速度的提高陷入绝对困难中。因此，总裁应该对企业内部的文件程序加以简化，这样才能在任何时候都可以去帮助员工学会“钓鱼”。

其次，要求员工严格遵守最后期限。例如，假设总裁认为项目需要 15 天完成，不妨将之设定为 12 天，这样，员工就能有更大的热情去学习“钓鱼”、学会自主教练技能。

最后，不同部门之间应该进行积极的配合。总裁应该引导员工看到不同的工作中的“配合点”，并围绕这些点来推进不同部门之间的合作。这样，不仅能帮助员工更快完成工作，还能让他们在更广泛的领域内获得更多的工作能力。

◎教练下属是水落石出，还是水涨船高

教练下属，是总裁的重要职责之一。但一些总裁似乎并没有看到教练下属和提高自我之间的重要关系，他们常常觉得，与其费心费力去教练下属，还不如自己辛苦一点，将工作和权力抓在手上，加班加点完成。

在这样的总裁看来，教练下属，意味着“水落石出”——自己的能力和经验被下属掌握的同时，自己在企业内的核心位置无形中也降低了。

教练下属并非得不偿失

有位总裁曾经和我这样谈过对教练下属的看法：“教练下属，估计一周得

耽误我好几个小时的时间，那些长的项目我甚至要跟进几周。如果我选择那些有经验的下属来做，不到几天也就完成了。有那个时间和精力去教他们，还不如用这样的方法更好。”

但实际上，拒绝教练下属，才会更大可能地导致问题出现。在王总提供的案例中，我们就能获得这样清醒的认识。

王总是某公司的总裁，根据整个公司的战略发展前景规划，公司在去年应该对薪酬管理制度和执行体系进行整体上的重新设计安排，从而适应整个企业近年来不断迅速发展的现实需要。这项任务原则上应当由人力资源部来完成，完成预定时间是两个月。

由于薪酬制度的设计本身是非常复杂、技术性很强的工作，因此，王总特意向人力资源部经理加以了解。但是，他很快发现这位部门经理并没有从事过这样的工作，更麻烦的是，在王总到来之前，公司的管理基础就较为薄弱，连不同岗位的岗位说明书都不齐全，这让薪酬设计显然成了无米之炊。于是，王总决定加以协调，他召开会议，要求不同部门立即上报本部门的岗位说明书。任务布置下去以后，这些部门在一两天之内就上交了岗位说明书，虽然知道他们是在应付差事，但为了能够尽快开始薪酬设计的工作，王总还是要求人力资源部的经理、助理和其他工作人员接手这个任务，让他们对不同部门提供的岗位说明书逐一进行检查和把关。

预定的完成日期很快就到了，王总对工作进程并不满意，他感到焦急而无奈。于是，干脆自己带着几名人力资源部的老员工，每天加班加点工作到夜里 12 点，一周下来，终于将这个重要的基础工作完成了。面对这样的形势，王总感到很郁闷，自己怎么会重新做起这样的事情来呢？

实际上，作为总裁，无论是在工作技术上，还是在工作经验、工作阅历上，绝大多数人都会比自己的下属更加丰富、更加成熟。但是，总裁不可能自己做所有的工作，尽管自己做出来的效果可能会更好，这也从另一个侧面说明，只有及时教练下属，总裁才能得到水涨船高的效果。

教练下属的重要意义

总裁如果想要获得更高的领导绩效，其前提就是将下属培养得更加出色，甚至在某些方面能够超过自己，这样，才能得到自己被他们支持的感觉而并非完全支持他们的感觉。

从这样的角度去理解教练下属行为，总裁才能明白其中的重要意义。具体来说，教练下属，能够从下面三方面体现出水涨船高的收益：

首先，教练下属能够提高绩效。当下属工作方法欠缺、工作经验不足时，他们无论个体的工作还是集体的工作，都难以获得优秀的绩效。反之，通过对下属加以教练之后，整个企业不同部门的绩效都能有所提高，这样，随着总裁教练过程中付出的时间和精力不断增加，他们所领导的企业也会随着其付出而不断获益。

其次，培养下属有利于留住人才。必须承认，不少企业出现人才流失的现象，并不完全是因为工资待遇过低，而是因为员工在企业的工作过程中感觉自己毫无收获。即使那些只具备了一定工作经验和能力的员工，也经常容易因此而流失。反之，当总裁悉心教练之后，人才就会因为自己有所收获而选择继续留下来，这样，企业的人力就能不断累积，形成水涨船高的局面。

最后，培养下属有利于提升整个管理团队的教练能力。企业是不断发展和壮大的，因此，只是依靠总裁的教练能力远远不够。只有将教练工作看作企业文化的一部分，让这种教练心态影响更多企业成员，并帮助他们形成教练其下属的习惯，这样，整个企业的管理团队自上而下都能够积极教练，并不断促进整体的提高。

除此以外，教练下属，实际上是对企业总裁自身工作思路的总结、工作能力的锻炼，也能够直接推动他们的发展和进步。总之，对下属的教练，并不会因为其占用工作时间和精力而缺乏成果，反之，成功的教练过程，必然会带来整个企业的集体进步。

◎员工绩效方程式＝知＋愿＋能＋行

对员工进行教练，并不是简单地给他们提出建议和要求。作为企业总裁，如果无法弄清楚员工绩效的方程式，就不知道自己应该在哪些方面施以援手，也就意味着总裁管理的失败。真正的好总裁，不仅能够帮助员工意识到学习的重要性，更能够帮助他们在工作的精神层面、情感层面、业务能力层面和职业发展层面等多方面取得进步和发挥才干。

员工绩效方程式

具体地说，员工的绩效方程式，可以表达为：绩效 = 知识 + 愿景 + 能力 + 行动。总裁如果希望用教练的方法提高员工的绩效，那么首先应该关注怎样帮助他们提高这四个方面的能力水平。

首先是员工的业务知识方面。管理大师德鲁克曾经说过，企业的现代化发展，表现在重心转向知识工作者上。越来越多的员工在工作中需要使用更多的智慧、知识，而并非像传统体力劳动者那样使用肌肉。在企业中，这些知识型员工常常是不同领域中的不同专业人员，他们通过对自身知识的使用，为企业做出真正的贡献，为企业的发展和进步造就应有的影响，并可能影响企业未来。

当然，掌握知识的员工，他们对于自己的工作业绩承担着直接乃至全部的责任。因此，从一定程度上来看，侧重使用知识的员工，不仅仅是传统意义上的一线工人，而是某种程度上的管理者，因此，总裁对他们的教练方式，也不仅仅应该采用那种传统的教授方式。

其次是员工的愿景方面。可以说，员工个人的愿景规划占据了员工绩效的重要部分。这是因为，如果员工对个人愿景作出错误的规划，那么，其个人知识、能力再出色，也很难通过总裁的教练引导出良好的业绩。总裁必须意识到，只有让员工个人的工作愿景和其工作价值紧密联系起来，让员工个人的良好工作愿景目标能够体现在其工作价值的不同环节中，员工的工作绩效才能和企业的整体绩效相关联。

再次是员工的能力方面。能力是员工在工作中表现出的基本素质，缺乏足够工作能力的员工，难以完成工作目标。但总裁应该意识到，员工的能力并不一定总是表现在其工作的表面，还可能表现在个人性格、行动的深层次，通过对员工工作能力作出提前的分析和预判，就能够提前预见他们在怎样的工作任务、工作情境下，能够表现出最高的工作能力，并由此预测其工作绩效。而根据这样的预测，总裁才能作出具体的教练引导计划。

最后是员工的行动方面。有这样一句话是我经常在课程中引用的："当员工知道如何去完成他们的点子，他才是一个好员工。"执行过程是员工在愿景、知识和能力的基础上综合体现出来的工作行为，其行为影响到的不仅是某一件事情，更是该员工身边的团队工作结果、该员工长期的工作习惯。因此，总裁在进行以提高绩效为目的的教练时，也必须对员工行为加以重视。

认识清楚员工的绩效方程式，实际上就是明确企业内员工教练的重点。在这样的重点指引下，企业总裁才能够有的放矢，利用好自己的工作时间和精力，高效地获得对员工的教练成功。

方程式教练步骤

对员工绩效的方程式有所了解后，总裁需要做的是设计一个良好的步骤流程，并通过这样的步骤流程，尽量让自己的教练力能够覆盖员工上述四个方面的工作因素。

以下就是我推荐总裁们使用的教练步骤：

首先，要求员工对自己在上述四方面作出真实客观的评估。包括询问员工对近期工作中自己各方面表现的看法，并尽可能抓住机会询问员工更多的问题。例如，“在这次工作中，你使用到哪方面知识”或者“你觉得自己欠缺怎样的工作能力”等等。

其次，对员工的自我评估给出反馈。总裁可以先称赞员工在评估中发现的自我优点，然后帮助员工确认在哪些方面继续改善可以提高自己的绩效。当然，总裁不需要同时指出员工在以上四方面的问题，只抓住其中一两个重点，就会对接下来的教练大有帮助。

再次，形成教练共识。这需要总裁将员工真正说服并吸引到自己所强调的领域，然后指出员工在这方面存在的差距，并围绕这个差距形成上下级之间的共识。当有了这样的基础后，可以和员工讨论究竟该怎样使用教练工作来解决产生这种差距的阻碍，以及需要怎样的改变来配合这样的教练工作。

最后，在正式教练开始之前，总裁不妨在具体的时间框架上，建立起充分准确和翔实的行动步骤，并对这些步骤加以正确全面的表达，侧重让员工了解每个步骤究竟提高上述四方面因素的哪一部分。当员工了解这些步骤并表现出提升绩效的自信后，总裁应该加以肯定，并在教练过程中不断重新回顾。

十三、为下属创造良好的成长环境

◎激励员工的学习动机

对企业而言，之所以鼓励员工努力参加教练，认真学习，是因为在这样的过程中可以用更低的成本创造出更大的效益。因此，总裁主导的教练工作，其效率高低，取决于如何将有限的工作资源投到最关键的员工群体中。实际上，这些员工，也正是那些学习动机最强烈的员工，只有在他们身上，教练工作才能创造出最大的训练成果。

员工的学习动机

从参加我课程的总裁学员们反映的情况来看，目前，越来越多的企业开始意识到对员工进行培训的重要性。在这样的大背景下，不同形式不同内容的企业培训，对于员工在素质上和能力上的提高都有所帮助。然而，不少总裁却反映，在实际的培训过程中，不少员工只是茫然地应付对待，等培训结束后，回到自己的实际工作岗位中，并没有多少真正变化。

归根结底，在于这样的培训并没有激发起员工强烈的学习动机。

什么是学习动机？所谓动机，就是能够直接推动行动主体积极活动从而满足其具体需求的内部因素。只有产生了正确的动机，才能产生出明确的行动，并朝向正确的方向。

然而，员工的学习动机并非轻而易举就能产生，必须要在其自身需要的基础上才会出现，才能对工作行为产生积极的效果，起到激发、引导和加以维持的作用。因此，总裁必须在教练之前就设计出精心的方案，充分激发员工的学习动机，引导他们不断付出努力，从而确保教练取得最佳效果。

下面是我曾经为一家生产企业的总裁所设计的教练过程激励方案：

这位总裁当时所从事的是管理生产效率方面的教练，参加教练的员工分别是几个部门的经理。我建议他将不同年龄段、不同能力水平、不同工作经验的经理们每五个人分成一组，然后，提供相同的工作条件，并给予直接的指导。然后每隔一周时间，就公布一次每组的效率情况。

具体公布方法是：第一次考核完以后，这位总裁根据考核结果，将生产效率进行排列。在其中生产效率最高的管理员工名字后面，贴上红色旗帜，在速度中等的员工名字后面，贴上小绿旗，而在速度最慢的员工名字后面，贴上黄色旗帜。这样，凡是参加了教练过程的管理员工，都对自己的学习效果一目了然。

采用了这样的方法之后，参加教练的管理员工的工作效率明显获得了提高。

可见，采取正确的方法，在教练之前激发员工的学习动机，是非常重要的。这样的激励，不仅可以帮助员工明确自己的努力方向，更能促使员工在学习过程中获得持续的效果。

激发动机的方法

激发员工的学习动机，首先，要找到员工对教练内容的注意点和兴趣点。其次，要让员工充分理解教练任务，理解这样的任务和自己的工作实践有着重要的关系。最后，要让员工对整个教练过程产生应有的信心，并体验到完成教练任务之后所产生的成就感以便促进下一个循环的教练。

总裁可以具体从以下的步骤着手：

第一步，引起员工注意力。总裁可以在教练开始的阶段，通过对培训内容的总体展示，引发员工的好奇心，并产生积极的心理期待。例如，总裁可以在课程中选用较为新颖的问题、具有代表性的理念来吸引员工，并通过案例的分析和工作实践的模拟来进行教练。

第二步，建立联系。教练内容的选择，应该全面、仔细地筛选，从而让员工对工作提升的需求与教练本身的需求相联系，这样，就能产生良好的学习动机。为此，在开始培训之前，总裁可以通过事先的预测和评估，对参加教练的员工加以细致了解，分析他们已经掌握的知识和技能，这是因为他们已有的知识和技能能够更好地支持和服务于教练过程，同时，也能更好地在教练工作和实际工作之间建立起紧密联系。

第三步，建立信心。为了让员工获得充分的信心来参加教练过程，总裁应该控制好教练工作的难度，将其设定在参加教练的员工现有知识和能力的附近。这样，就能保证实现教练的最终目标。同时，总裁还应该清晰全面地解释教练的工作目标、绩效要求。这样，当参加教练的员工清晰地明白自己的目标所在，就会更好地树立积极性，提高参与程度，并对教练之后的工作抱有现实期待，从而维持自己接下来的学习动机。

第四步，对员工进行教练反馈。总裁可以通过情境模拟，或是及时的反馈，确保员工能够从教练过程中获得应有的愉悦感，并由此受到激励。例如，当教练工作结束时，如果之前提出的问题得到解决，就是对员工给出的积极结果。又如，总裁还可以利用企业内部的舆论宣传，如企业网站、会议等多种媒体形式来对教练提升效果明显的员工加以表彰，从而营造出尊重教练、尊重培训、尊重学习的组织氛围。

通过对员工学习动机的激励，总裁可以让更多员工从“要我学”转变为“我要学”的态度，从而达到更高境界，这样，更多员工才能通过培训获得才能的增长。

◎影响学习效果的四个因素

激发员工的学习动机，是总裁对员工学习效果提升的第一步。但是员工学习效果的提升，不仅仅在于其学习动机，还包括其他的因素。总裁应该抓住这些方面的因素加以利用，从而获得更好的教练过程和结果。

麦当劳的学习效果

通过了解著名餐饮企业麦当劳的教练过程和特点，我们能够看到先进的教练理念体系是如何融入了提高学习效果因素的：

麦当劳既是快餐企业，也是著名的学习型组织。在麦当劳中，有着不间断地学习培训，其中，每个经理人每年都会有将近 20 个工作日的训练时间。同时，公司还相当重视打造良好的学习气氛。

麦当劳企业在美国的每个分店店长，都需要拿到相应的资格证书。他们需要集中到芝加哥去学习相应的管理知识，在学习过程中成绩如果能够达到平均分 90 分以上，就能够获得奖金。凡是获得过这个级别奖金的店长，不仅会得到良好的工资和待遇，还会在全美的麦当劳营业范围内获得通报表扬——对于员工来说，这是一种良好的荣誉激励。如果在学习期间能够获得杰出贡献奖，会在毕业后直接获得三个月工资作为奖金，如果在之后的经理年会期间获得竞赛奖励，将能够得到股票作为奖励。

麦当劳正是利用这种方式来进行多方面因素的利用，最终强化了员工的学习效果，达到了整体的提升。

学习效果四因素

影响学习效果的因素，主要包括下面四个:员工学习的态度、学习的需要、来自外界的刺激和学习环境的影响。

首先是学习态度。一个员工如果不愿意积极学习工作的知识、工作的技巧，那么，任何教练都是难以起到作用的。因此，对于员工来说，必须要先从总裁等管理者那里了解到教练的重要性，从而获得良好积极的学习心态。通过提升其态度，改变学习的效果。

其次是学习需求。当员工缺少相应的工作知识或不同方面的技能时，他们就会表现出更高的学习动力，从而会获得更好的学习效果。而员工是否明确自己的学习需求，则在相应程度上决定了其学习需求对学习效果的影响。

再次是来自外界的刺激。在某些情况下，仅仅有员工发自内心的学习态度、学习需求还远远不够，必须有来自外界的充分刺激。因此，在适当的时机，总裁应该打造出更好的环境，给员工提供必要而适当的外界刺激，从而有利于员工自信心的提升，并提高他们的学习积极性。例如，在教练过程中真正受到了总裁表扬、鼓励的那些员工，其表现出的学习和工作积极性也就更高，学习的效果也会更好。因此，必要的外界刺激，能够迅速转变为员工的学习动力，学习动力越充分，学习效果也就越好。

最后是环境的影响。总裁究竟能够让员工在怎样的环境中完成学习和培训，会对员工的学习效果有重要的影响。如果员工所处的环境并不适合学习，那么，总裁就很难期待员工的学习能产生多大的学习效果。总裁需要做的是为员工的学习和发展创造良好的整体氛围，并保证员工获得良好的学习效果。

◎营造教练的氛围和环境

总裁在对员工的教练过程中，很自然地会关注其中人的因素。但同时不应忽视的是，是否能将整个企业建设成为学习型组织，是否能让员工的学习效果充分提升，还要看作为员工活动舞台的企业，能够给员工打造怎样的学习氛围。可想而知，在一个充满学习热情的氛围中，由于身边每个人都在积极学习，即使那些对学习缺乏兴趣的员工，也感受到压力而逐渐融入到这样的学习氛围中。

打造企业的氛围

对于一家企业的总裁来说，想要让员工获得优秀的教练过程与结果，就必须要让整个企业在教练、学习和培训方面保持领先。在这些方面，已经有企业走在了前列。

一家广东的家具企业总裁姚总曾经在课程交流中说过这样的话："什么样的土壤，就能产生什么样的植物，而种下不同的种子，反过来也会影响整个土壤和环境。实际上，企业的环境氛围同企业员工的发展之间，也有着这样的辩证关系。"

姚总表示，他在企业管理中保持着共同劳动、共同创造和共同分享的理念。在共同劳动形成企业文化的基础上，推进员工的学习和发展，并为之提供保障。

在这家企业中，保持着这样的传统做法：在员工队伍中进行动态的考察，并通过考察结果来决定管理员工的预备队伍，然后从管理员工的预备队伍中挑选出企业的中层干部。在这样的过程中，既对员工进行考察，也对员工进行培训。这样，不同的管理员工、中层干部，除了那些外聘者，都需要通过学习到考核的途径加以提拔。这样的挑选流程，让员工实现了个人职业生涯的提升，也让员工获得了学习上的进步，确保了整个企业队伍的素质。

值得注意的是，该企业还专门在企业内部设立了正式的组织体系，从经理到部门经理，再到主管、生产小组，都有着对应的学习组织和行政管理体系相协调。在学习过程中，教练由行政负责人担任，并安排相应的员工担任学习辅导员。

事实上，为了在企业中打造出良好的学习环境、学习氛围，国外的一些优秀企业开办了自己的商业学院，相比之下，国内的企业管理者还需要做更多工作。

营造氛围的步骤

为了在企业中营造出良好的学习氛围，总裁可以从以下三个层面来进行：

首先是在企业层面加以建设，即提供行政上的支持，包括企业的教练计划、企业的培训预算、用于培训教练的办公室设备，以及专门的培训机构。当然，总裁还应该在必要情况下，为企业配备知识丰富、教练经验丰富的专业培训师，这样将能够有效提高员工学习的效果。另外，总裁还应该对整个行业的学习资讯加以充分了解，避免信息的不对称，积极关注本行业的发展，及时抛弃和更新那些已经被淘汰的培训内容，从而根据企业和员工不断变化发展的需要来引进更加实用的教练课程。

其次，是对员工方面的氛围营造。员工既是教练过程的直接参加者，也是教练的对象。因此，企业总裁需要对员工进行教练培训之后的及时跟踪，从而考察员工参加学习之后的效果。同样，总裁对于中层管理干部的教练也应该注重通过绩效反馈的方式来影响他们的重视程度，而在培训工作效果并不明显的情况下，总裁就应该加以及时地反思和整理，并引导员工或管理干部及时作出改变。

最后，是引起企业不同级别领导者的重视。不同级别的主管、不同部门的领导者，对于企业的学习环境是否适合，具有更大的影响。同时，总裁也应该认识到，自己对于教练工作的态度，也会受到下级不同主管或领导者重视度的影响。为此，更需要积极推进不同级别的主管领导去时刻注意，对下属员工加以及时督促，并适当作出积极鼓励，从而直接影响学习环境的变化。

总而言之，不同的层面上，企业内部的不同因素都会影响整个学习环境的外在表现，并最终影响员工学习体现出的效果。

◎让下属称呼你为“教练”

成功的总裁,同样也是成功的教练。因此,总裁不仅仅应该被称为“领导”，同样也应该被下属称为“教练”。身为教练，总裁首先应该是一名合作者，他因为拥有其特定的技能而受到下属或其他员工的尊重。其次，这样的总裁还能够积极发现和下属的沟通方法，能够用特殊的方式同他们沟通，并帮助下属获得成功。

关于教练，有这样一句名言：教练工作，能够让员工们做到顺从而高效，不会去片面地挑战权威，而是会全力以赴地参与工作，并可以在必要情况下做到积极创新。事实上，只有当教练和领导这两种角色有机融合起来时，教练才能将整个企业的需求、目标和期望推荐给下属，并对他们加以说服和引导。

在企业中，许多成功的领导实际上都是积极的教练员。

是总裁，也是教练

总裁工作想要看到成效，和教练工作一样，都需要下属作出全力以赴的努力。因此，总裁的教练身份，能够让下属充分发挥工作潜力，保证他们可以达到企业需要的目标。只有做到这一点，总裁才能以教练的身份帮助企业获得成功。

联想的创始人——首任总裁柳传志，就因为他的“教练”身份而带动了整个企业。

柳传志在创建联想之初就提出了“建班子、定战略和带队伍”的主张。其中，“建班子”和“带队伍”的绝大部分内容都和企业中的教练领导有关。

作为总裁，柳传志不仅自己经常抽时间直接和员工进行对话，还会利用不少机会去给企业的管理层做“直接教练”。例如，1996年，当柳传志在韩国的LG公司看到其前总裁所写的《道路只有一条》这本书之后，对书中的放权理念、放权做法感到相当认同，于是就主动和高管加以分享，并对他们进行教练。例如，何时应该加以放权、何时对权力进行分配等等。通过这样的讨论学习，员工也受益良多。

总裁如果想要从员工那里得到认可，应该做的正是像柳传志那样，处处以教练为己任，主动扮演好教练的角色，并开发和提升自己的教练能力。

适应教练角色

为了更好地适应教练角色，总裁必须要将不同的目标加以结合，即将领导目标和教练目标有机融合，从而做到全力以赴。

首先，总裁应该要和被教练的下属建立起充分的信任。这是因为，作为总裁，其言行都需要实现下属利益，而只有当这样的关系获得员工的认可和理解之后，才能建立相互支持的关系。这样的关系能够更好地让总裁适应自己的教练角色，也能让下属接受总裁的教练角色。

为此，总裁应当做到积极支持下属员工，同时积极帮助他们高效完成工作。更重要的是，只有当领导真正开始代表员工利益时，他们才能够得到员工发自内心的“教练”的称呼。

其次是做到教学的常态化。可以说，是否能够做到全面常态的教学，决定了教练角色是否能够真正被接受和认可。总裁可以用不同形式、不同时间、不同地点和场合的教学来努力发掘并引起员工对其角色的兴趣，以便能让员工意识到并接受教练角色的存在，从而让员工真正加以学习。

最后是明确纪律。实际上，领导和教练在角色上的结合，必须要体现在纪律这个结合点上。明确纪律，能够保证领导和教练工作相互结合、相互促进，从而确保工作标准和工作结果之间相互影响，并得到有效保证。当然，纪律并非总是意味着总裁发布命令进行惩罚，也可以体现在教练用自己的行动来代表纪律和展示纪律上。当员工看到身为教练角色的总裁能够作出重要的决策，或者是牺牲自己的利益之后，纪律将会很自然地得到体现，并产生作用。

十四、通过教练改变行为

◎行为演变的过程

总裁对员工的改变，重点在于对教练过程的利用。想要改变员工，需要改变员工的行为，而想要改变员工的行为，总裁必须要熟悉员工行为演变的过程。反之，如果对这种行为演变过程并不了解，总裁将很难控制好下属的具体工作行为，很难引导好整个企业的氛围变化。

坏行为积习难改

员工的坏行为，并不一定总是出于具体目的和动机，很多情况下是来自于员工个人的坏习惯。而这些坏习惯导致的问题，又常常具有某些隐蔽性，难以被企业内的成员发现。

我的一位学员是T公司的总裁，该公司是一家专门生产电器元件的企业。这家企业成立之后，由专门部门负责企业的员工培训，并安排了固定的培训预算、培训地点。不仅如此，企业的培训部门主管高经理，对培训工作有着相当丰富的经验，他不仅不定期地选择课程、组织学习，每年还会邀请课程专家来为企业的中高级员工作专门的培训。

然而，除了这位高经理之外，其他部门的经理对下属的训练就相当不理想了。尤其是企业内部的讲师职位安排，总是难以找到准确合适的人选。对此，总裁分析说，最大的问题在于大部分的部门经理除了负责日常工作之外，难以改变原有的习惯心态，他们总会下意识地认为，万一某天自己部门的下属通过教练学会了工作知识和技能，必然会超过甚至压制他。

可以说，类似这样的习惯和行为，正是总裁需要利用教练工作加以改变的。只有改变员工可能出现的错误行为，将问题压制在萌芽状态，员工才会走上正确的道路，去对自身的行为加以正视、加以演化，并进化成为更好的学习者、更优秀的员工。

推动行为演进

从行为学上来看，一个人的行为改变包括下面四种变化情况：首先是知识的变化，其次是态度的变化，再次是个人行为的变化，最后是组织行为的变化。

从难度上来说，员工知识的改变是最简单的，通过书面学习或者讲座培训就能获得；其次则是态度上的改变，包括员工对工作的认识、对企业的认识和对自我的认识，以及具体细节上的改变；最难的则是个人和组织的行为习惯变化。

可以说，上述四方面的改变，存在着某种程度上的因果逻辑关联。只有做到知识和态度的改变，个人的行为才能得到变化，而当个人的行为改变方向一致时，将会造成企业内部群体行为的变化。

如果对员工行为的演变加以具体分析，可以看出其中存在着三个周期：

首先是解冻期。在这个期间内，员工因为受到激励而正视自己的改变，从个人原有的习惯和支持中被抽离，然后放弃原有的经验，而获得对新经验的赞同。这样，员工原有的工作习惯、标准和传统就会受到破坏，并准备迎接新的工作方法和态度。

其次是改变期。在这个期间内，员工开始建立个人新的工作标准和工作习惯，实际上，这就是个“除旧迎新”的过程。

最后是完成期。在这个期间内，员工新的工作行为将会变成具体的固定模式，并经过工作的发展和稳定，融入员工个人的工作个性和工作习惯中。在完成这样的过程之后，员工将会完全按照新的工作方法来适应自己的角色，带动自己的团队。

因此，为了保证员工能够改变旧有行为，获得新的行为，总裁必须要真正熟悉员工的改变过程，并尊重这种过程中表现出的规律，同时设计出强化其变化的计划。

◎培育下属的PDCA

总裁对企业的任何管理工作，都应该先作出基本的设想，然后根据这些设想去安排工作的计划，并按照这些计划去加以执行。

在对下属进行培训和教练的方面，总裁也应该制定专门的计划，并对计划的执行过程加以严格检查和调整，并在计划完成时进行积极的总结和及时的处理。具体表现在工作方法上，总裁应该利用好PDCA循环的工作方法。

何为PDCA？

PDCA循环，包括计划（Plan）、执行（Do）、检查（Check）、处理（Action）。这样的循环被称之为PDCA循环。由于这一循环的概念最初由美国管理学者戴明提出，因此也被称为戴明环。

数十年来，戴明环作为科学工作程序的设计方法，成为了不同领域的质量管理的主要方法，同时也是基础方法。

其中，计划阶段，决定了训练的目标和训练方法。具体在员工的教练计划中，是指确定对员工教练的要求。为了获取足够的效益提升，就要确定总裁和其管理队伍的全面教练方针、目标和项目，以及达成这些目标的具体方法、具体措施。计划阶段可以分为四个步骤：第一步，是分析目前员工的现状，并找出需要通过教练解决的问题，为此，总裁对员工存在的能力或者知识问题，应该尽可能用扼要简明的方式加以考察和说明。第二步，找出产生上述问题的综合性影响因素，并逐条列出。第三步，从其中找出最主要的影响因素，并对之进行分析。第四步，则是根据这种最主要的因素制定出相关的计划和措施，这些措施包括5W和1H，即为何要制定这样的计划措施、通过这样的计划措施想要达到怎样的目标、具体在怎样的地点来完成教练、通过哪些部门和人加以执行、教练执行的具体时间，以及怎样执行具体的计划。

接下来的执行阶段，即按照上述预定的计划和目标步骤，用具体的措施进行教练，并要求不同部门加以贯彻执行。这一步骤在教练的循环圈中，是实际落实教练计划的阶段，也是重要的教练阶段。

在执行阶段完成后，总裁需要对前述过程加以认真检查核实，确定它们是否真正按照标准加以进行，并对效果加以调查。这就是核查阶段。

最后需要完成的是处理阶段。在这个阶段中，通过总结经验来对员工的教练结果加以检查和总结，肯定其中的成绩，并形成今后的教练标准。同时，对失败的工作教训也加以及时总结，并防止再次出现。最后，在处理阶段，还应该具体指出上个教练循环中并没有加以解决的问题，并将之带入到下一次的循环教练中。

当然，利用 PDCA 循环的方法来教练员工，需要尊重其具体的特点，这样才能获得积极的结果。

PDCA 循环特点

在利用 PDCA 循环对员工加以教练的过程中，总裁应该注意到下面几方面的特点，并对这些特点加以准确利用：

首先是 PDCA 循环并不是单一的。当 PDCA 循环作为教练员工的基本方法时，不仅仅应该运用在整个企业中，还应该适用于不同的部门、团队、班组中，应该让每个部门、每个级别的集体，都有着围绕企业总体教练目标的自身 PDCA 循环。在这些循环中，企业的整体 PDCA 循环是一切循环的母体，而其中不同的 PDCA 小循环则是其分解和支持。如果总裁能够调动起每个级别、每个部门乃至每个员工的 PDCA 循环来支持整体的循环，那么，不同层级的教练工作就能做到共同转动、相互支持。

其次，PDCA 循环应当是阶梯形态的上升，从而使教练效果不断提升。我经常在课程中提醒总裁们注意，不断的 PDCA 循环，不应该是重复，而应该是每次循环就前进一步，并上升到新的高度，找到新的教练内容和教练目标。在这样不断上升的过程中，企业团队的能力就会得到真正的提高。

最后，总裁在 PDCA 循环的过程中，不应忽视处理这一阶段。这是因为处理阶段虽然是一个循环的结束，但同时也是另一个循环的开始，利用好这样的阶段，并将成功的经验和失败的教训都加以总结，才能推动整个的教练过程，并在原有的基础上得到充分进步。

◎改变员工，总裁应做什么

在我同总裁等企业高级管理员工交流的过程中，形成了这样的共同认识：虽然整个社会在不断创新变化，但是，企业要真正做到全面变革却并不容易。虽然在不少总裁的实际工作中，已经对企业的变革管理作出了大量的理论和实际成果，但这些成果往往并没有带来企业面貌的整体变化，并没有引起企业的成功提升。因此，只有通过具体地考虑员工对环境的想法、员工对行动方式的观点，才能够迅速提高企业变革的纪律。

员工的无效行为

不少企业的问题并不在于员工缺乏具体行为，而在于员工的行为大多是无效的。正是因为员工的实际工作缺乏足够效果，总裁对他们的教练更应该集中于对其行为的改变上。

不妨先看看赵总的公司中员工有着怎样的无效行为。

赵总的公司主要为客户提供系统的集成供应，其销售团队是开拓市场业务的主力，也是企业发展的重点。这个销售团队共有十余名成员，分别负责不同地区的业务。赵总想方设法要提高这个团队中人员的工作能力，但教练过程中的付出和收获却总是无法得到平衡。

在我的课堂上，赵总总结了这些销售人员的无效行为。例如，销售人员总是喜欢用自身的行为方式和顾客交流。而每当他对销售人员加以教练后，他们却并没有真正改变自己的行为方式，甚至有一次，他在对一位销售经理进行教练之后，发现他居然在拜访新客户的过程中根本就没有有效地运用自己所教授的工作重点。这样的情况，让赵总感到苦恼，他不清楚究竟是自己的教学能力有问题，还是团队的成员根本就是教不好的。

另一个令人印象深刻的例子是，赵总在和某地区销售经理老王进行完一对一谈话后，发现他的问题在于无法带领团队去获得来自顾客的充分承诺，而且会在销售的过程中经常将谈判的主动位置留给客户。对此，赵总进行了亲自的指导教练。然而，三周以后，赵总发现，老王的团队依然是在采用过去的方法，即不断向客户解释产品，而不是用提问的方法帮助顾客明确其需要。赵总觉得，自己真的很伤心，因为员工的行为是如此难以改变，自己的下属是如此固执。

其实，赵总的问题并不在于他不会教练，而是他没有认识到怎样通过教练去改变员工的行为。需要强调的是，员工的学习和未成年人在学校中的学习不同，有其独特的特点。而今天企业的员工则更多地存在这样的问题：他们的工作知识并没有转变为良好正确的行动，和工作中对其角色的具体要求并不符合。正因为如此，总裁更需要明白怎样去改变员工的行为。

改变行为的条件

虽然我一再强调总裁在员工行为改变过程中的重要性，但实际上，一切变化必须要有变化主体的主导。而总裁应该做的并不是强迫员工去改变行为，而是为他们创设足以带来行为改变的条件。

下面是四个可以推动员工改变其行为的条件：

首先，应该为员工提供一个具有说服力的案例。通过这样的案例，可以让员工看到自身改变行为和不改变行为这两种态度的对比。这样的案例还必须能够展示员工改变自我的目标，并且帮助他们认同这样的目标。

其次，总裁还应该向员工提供一个楷模。只有当员工看到他们身边的领导或者同事能够从主动改变行为的过程中获得充分利益，他们才会真正采取新的工作行为和态度，改变自己旧有的做事方式。

再次，总裁还需要通过对企业管理机制的强化来协调员工行为的改变，这是因为作为系统存在的环境、作为工作支持的流程和作为反馈的激励机制，都应该和员工自我改变的工作行为保持充分一致。而想要获取这样的一致，总裁需要做的就是对机制的改变，从而促进员工行为的改变。

最后，需要对员工的工作能力加以培养。这是因为，员工想要改变自己的行动方式，必须要获得充分的能力支持，因此，总裁需要给员工提供充分的帮助，引导他们认识到自己所急缺的工作技能，并通过多方面的学习，获得这些自我变革所需要的工作能力。

◎做一个称职的教练

“教练”一词如此频繁地在总裁的工作中加以使用，这并不奇怪。正如我经常向总裁们所指出的那样，教练的意义是指总裁作为管理者为了帮助下属获取最大的工作绩效，而扮演的角色和承担的工作。

正是通过前述内容的学习，总裁可以从不同方面了解教练的重要意义。但从整体上来看,他们更需要了解一个卓有成效的教练应该具有怎样的特征。为此，我专门请教了不少体育界的真正教练，同时也请教了企业界那些以教练员工而著称的总裁。

称职教练的要求

一个称职的教练,应该具备以下数方面的不同特点。只有具备了这些特点，才能将普通的企业总裁打造成为称职的教练。

称职的教练，应该以身作则，用自己的行动诠释所传授的内容。例如，我认识的某企业总经理董先生，他最著名的教练能力是引导其下属具体了解和介绍企业不同产品的特点，而这位出身技术部门的董总，对于整个企业的产品更是如数家珍，甚至能够将型号、生产日期、数据性能都一一背出来。员工们提到这一点，无不佩服，并承认，董总教练的能力是建立在其自身工作能力基础上的。

另一位负责某高校橄榄球队训练的教练，曾经同我这样分享他对教练工作的看法：称职的教练就是对其自身工作、企业表现出最忠诚特质的人。这位教练用自己举例子说，即使他不是为了自己的教师工作去辅导那些喜欢橄榄球的孩子，他也会感到由衷的快乐和兴趣，这是因为从对这项运动的推广和训练中，他可以找到自己的价值。因此，一个称职的教练，应该是一名具有强烈教学欲望的教师，是真正喜欢知识、喜欢传播知识的人。

而一家商务培训公司的总裁是这样看待教练的，他说：“一名称职的教练，首先必须要有喜欢其他人越来越强、越来越好的勇气。也正是因此，他并不害怕下属会有可能取代自己的工作，而是同样会保持充分的活力。”事实上，这位总裁也的确在工作中做到了这一点，他经常将工作交给下属，而并不去过问更多细节，甚至当员工前来请示时，他会安排这些员工去请示自己的其他下属。正是拥有了这样的信心和勇气，他不大的公司却成为了商业培训界有名的高效团队。

除了这些对称职教练的阐述外，更多企业的总裁和体育团队的教练还提出了他们各自对称职教练的看法，例如，称职的教练是以工作目标为导向的，称职的教练是沟通大师，称职的教练必须要具备良好的职业道德品质和强大的组织技能，称职的教练必须要积极建立允许健康批评的工作氛围。

因此，做一名称职的教练，需要在工作中准确履行原则，并设定相应的目标来进行实践。

称职教练的准则

通过不同人对称职教练定义的诠释，我们能看到一名优秀的教练应该具有哪些方面的重要准则。

首先，称职的教练总是怀有坚定信念，他们能够信任员工，相信企业内部的绝大部分员工能够在合适的环境中得到充分地改进和进步。因此，他们才能够真诚而无私地去帮助员工在工作中不断探索、不断成长。

其次，称职的教练还懂得理解并运用领导技术。他们会将领导技术同教练技术加以综合运用，这样将能够帮助他们获得整个团队的尊敬，并开拓更多对员工进行教练的空间。另外，领导技术的运用还能帮助总裁用更好的换位思考能力来帮助员工从教练中获得成长。

最后，称职的教练还应该有足够的耐心和爱心，而这一点常常是不被国内的总裁所注重的。事实上，想要成为称职教练，总裁需要发自内心地关心下属的发展，对下属的成长感兴趣，同时，允许他们在成长道路上犯错误。只有具备这样的耐心和爱心，总裁才能提高自己的教练水平，并真正带动员工的变化。

第五章

激励技术：提升下属的工作意愿

十五、激励信号：员工们怎么啦

◎关注下属的工作动力：内在动力与外在动力

如果一位总裁根本不知道怎样的激励方式对他的员工最有效，他就无法弄清楚自己应该采用怎样的方式去关注下属的工作动力。如果总裁对激励员工的方法感到心中无数，他就无法最大限度地激发员工的工作积极性。设想一下，如果员工最需要的是看见来自外界的承认、鼓励，而总裁等管理者给予他的只是微薄的现金奖励，那么，员工就无法寻找到自身的内部动力，也难以找到自己的外部动力。

因此，总裁先要找到办法，从内部和外部两个方面去寻找员工的动力来源。

不同的动力来源

成熟的总裁作为领导者，总是会关注员工是否维持足够的动力，他们也需要利用这样的了解，对员工的工作动力加以平衡，因此，他们需要清楚地理解员工动力的来源。

一般来说，员工的工作共有两种类型动力：首先是内在动力，其次是外在动力。其中，外在动力是由外部世界来加以衡量和评价的，例如，一次好的业绩、一份大订单、一份高收入、一个好职位等等，几乎所有的优秀员工从青少年时期起就积极追求这种来自外部的积极评价。尽管其中不少人或许不愿意承认，但他们中的大部分人都是为了获得外界给予的成功感而努力工作的，他们希望从这样的努力中获得成功，同时享受成功带来的乐趣。

另一方面，内在动力则是来自于员工内心对工作意义的感受和认同。这样的内在动力反映出员工的真我，其感受和员工自己的人生经历、解释其人生经历的方式有着重要的联系。比如，员工怎样追求个人的成长、怎样寻求帮助他人进步、怎样关心社会的进步、想要在多大的范围内改变环境等等。不少员工还开始思考和探索自身努力工作的真正意义，而不仅仅是为了从外界寻求赞扬和收获而工作。

我认识某门户网站的一位经理人小周，他对其总裁的激励方式感到印象深刻。那是他被提升为经理之后的第二周，在停车场，总裁看见了他。小周礼貌地和总裁打了招呼，本以为忙碌的总裁会简单地跟他招呼一声或者只是点点头，没想到，总裁停下了脚步，仔细地看了看小周的座驾，然后对他说："你知道吗，几年前，这儿可没有你这样的好车——停的都是我们这些创业人买的破二手车。正是因为你们这样的人才加入，才使我们的员工给自己家人买上这样的好车。"

小周说，从总裁的话里，他感受到了由衷的自豪感和期待感。这种感觉立刻感染了他，让他发现自己真的是在为公司和家人做更多事情，自己在很长一段时间内都是带着成就感去工作的。

可见，总裁激励员工并不难，只要区分清楚从内在和外在的哪个方面向员工提出激励，满足他们对动力的需求即可。

激发动力的方法

总裁通过下面的方法就可以准确找出员工的动力来源并予以激励。需要强调的是，这些方法是建立在对员工总体管理的基础上的，而并非单独加以使用。

首先，可以通过对员工进行动力来源调查来加以明确。总裁可以让员工将不同奖励方式给予他们的效用、感觉进行排序。获取这个调查结果之后，总裁可以在日常交谈、会议和观察中更好地掌握每个员工的动力喜好，并利用好这样的信息，据此来决定对不同员工的激励方式。换言之，总裁应该建立的是动力和激励相对应的方式，从而确保自己对员工的激励产生足够的效果。

其次，无论是内部动力激励，还是外部动力激励，都需要总裁对员工加以积极的暗示。优秀的总裁会利用暗示方法去引导下属承认自己的潜能和需要，并传递出自己对下属的信任度，提高他们对自己的期望值。利用好暗示方法，能够更好地引导员工创造更高的效益，打造出整个团队的统一工作目标。

最后，总裁还应该正确定位自己和员工之间的关系，从而在企业内部打造出良好的人际关系环境。这是因为，在工作动力较为复杂和隐蔽的今天，“知识型”员工越来越多，他们希望积极实现自我价值，既看重自己的外部动力，也看重自己的内在动力。因此，总裁需要从原有的控制者、带路者转变为协调者，用不同的手段，让员工感受到自己的信任和尊重，并逐渐帮助员工进行自我管理，让两种动机充分融合，影响他们的工作态度。

◎激励的循环图

从企业管理的角度来看，总裁所处的位置、总裁工作的特点都决定了他们对于员工的激励，不能简单地等同于中层干部或基层领导对员工作出的激励。在研究实践中，我发现，采用正确的激励过程，对于调动员工积极性具有充分的效果，且这种效果是不可替代的。

事实上，激励应该是以员工为中心的一种领导手段。在这样的手段中，员工作为“人”的感受，应该是激励的关注重点，是激励的核心。因此，激励员工，是为了不断采取有效的方式去持续稳定地调动员工的工作积极性，同时确保这种积极性能够指向正确的行为方向。

激励循环图

企业中的每位员工，都有独特需要。而希望能够被满足的自我需要就是整个激励过程的起点。这是因为，任何人的不满足，都会引起其在心理上或生理上的种种紧张感，而这种紧张感将会变化成为动机，引起其行为上的变化，导致员工的工作行动、工作态度发生变化。

在企业中，员工的行为有着各自的目的，而当目的达到以后，需求获得了满足，激励过程也就顺利完成了。如果新的需求能够再次产生，激励过程就会进入新的循环。

这样，激励循环图就形象地出现在总裁的面前：

需求——动力——追求目标——满足——不满足——新需求……

这样的过程如果能够不断继续、不断运转，就会形成永不停止的激励过程，而总裁正可以利用这样的流程，对员工加以反复刺激和鼓励。

某家文化传媒公司的总裁T总，就很擅长采取不断刺激需求的方法来促成这样的循环持续进行。

T总刚刚担任该企业的总裁时，发现企业员工存在这样的特点：他们有着较强的工作能力，也有相当的工作经验，但问题在于企业团队创造出的业绩并没有和他们的工作能力与经验相匹配。经过观察他发现，该企业的员工工作意愿不强，在工作中很少表现出独当一面的意愿，一旦提到加班就怨声载道，相互推诿。T总继续深入研究和分析，发现问题并不仅仅在于员工们的工作态度，还在于公司内部的激励制度存在问题，当业绩提高后，每个部门都想从利润中分一杯羹，都希望能够获得更多奖励，而具体到部门内部每个员工身上，这种追求平均的想法则表现得更加典型。

于是，T总根据这种现状，分别召集了全体员工会议和不同部门的会议，在会议中，他强调，公司需要竞争，需要拉开员工的收入差距，对于那些优秀的员工，应该给予充分的奖励，提高他们的收入，而对于工作态度随便的员工，则必须要降低他们的收入。

通过这样的会议，员工们对于物质奖励的需求被激发了出来。那些原来犹豫是否要努力工作的员工开始加快了自己的工作节奏，而原本对工作兴趣不大的员工也开始投入了工作，他们很快推动了公司业绩的发展。

两个月后，T总总结了一个季度的工作，并组织人力资源部门加以考核，再将结果反馈到各个部门。接下来，他打算再以职位需求为激励源头，开始新的一轮激励……

可以说，T总正确理解了激励的循环图，并抓住其中四个不同的环节来加以领导和管理，这样的方法能够更好地让员工适应和接受，并推动企业不同部门不同员工的进步。

抓住循环的不同环节

我在向总裁们介绍激励的循环图时，总是强调要首先抓住循环的开始。这是因为，企业员工的工作动力，必然来自于他们的需求，而不同的人需求是不同的，帮助他们发现各自的需求，也就意味着有可能激发他们的工作动力。因此，总裁如果想要加强激励的循环效果，就应当先抓住这一基本的开始环节，从员工具体需求来加以判断。

而在循环的过程中，总裁可以采用下面三种方法来加强激励：

首先是威胁激励。当员工并没有通过努力达到工作目标时，总裁应该对其进行处罚。确保业绩较高的员工获得提升，而业绩较低的员工被处罚。当然，这样的激励方式也会产生负面作用，导致员工经常处于压力和紧张情绪下。在这样的环境中,员工如果长期只接受类似激励,就会导致归属感和安全感的缺乏。

其次是奖励激励。这种激励方法，重在对绩效较好的员工加以奖励，并能够将不同的激励方式加以综合使用。当员工完成一个循环后，就能获得相应的精神和物质奖励作为结果。这样，每个激励循环的结束都能够有效激发员工工作积极性。

最后是个人发展激励。通过激发员工追求自我发展的需要，能够最大限度地激励员工，并确保员工的个人发展和企业内的激励循环融为一体。这样，员工会自发地团结起来，并和整个企业形成在激励循环中共同发展的伙伴关系。

◎影响动力的三种方法：动力 3C

在总裁的激励理念中，应该抓住对动机的激励。这是对员工加以激励的基本切入点和根本出发点。为此，总裁们必须要理解员工的内在动机，并确认其重要作用。

影响内部动力的主要方法，是对“3C”的关注和研究。这个理论是由美国的企业管理学者 Alfie Kohn 在 1993 年提出的。

动机的 3C 理论

3C 理论，主要集中于研究协作、满意和抉择三个方面的影响。在企业的日常工作中，正是这三方面的影响，能够改变员工的内在工作动机。

首先是协作（Collaboration）：当员工在工作集体中经过协作，受到合作的鼓舞，或者能够有充分机会在协作过程中相互帮助，收获成功时，就能产生更大的内在动力，而努力投入工作。

其次是满意(Content)：当员工从总裁等管理者的协调和引导工作中，看到自己对于组织的重要作用之后，他们将能够理解自己对整个企业所作出的贡献，并会因为这样的贡献被充分承认而感到满意，并受到了这种满意的激励。

最后是抉择（Choice）：当员工能够在工作过程中体会到自身抉择的过程，并感受到其中所代表的授权意味之后，他们会感到自己工作责任的重要，发现工作权力的意义，并因此更加努力投入工作。

可以说，3C 理论很好地揭示出在员工日常工作中的哪些因素能够影响其工作动力，而总裁对 3C 理论的了解和运用，则能够帮助他们明确领导工作重点，并在这些重点的影响下积极投入工作。

当然，3C 理论的出现，是基于其观察出的事实：在现代企业中，激励员工，关键在于激励其工作的动机。如果跳过动机，就不可能去直接对员工进行激励。这是因为，现代企业中，员工过多地被看做是人力资源，而忽视了他是有着个性、思想和独立人格的人。因此，重视 3C 理论，也就是对员工人性化管理的重视。

3C 理论执行方法

在对 3C 理论加以执行的过程中，总裁首先要看重“协作”的需求，并着手建立自己和员工之间的绩效伙伴关系。这是因为只有当总裁和其下属成为工作上的盟友，而并非仅仅是他们的权威领导者时，下属才会相信总裁是和他们共同进退的。这样，对 3C 理论的执行才能够达成更好的共识，并产生良好的绩效。为此，总裁必须要明白改善双方之间的合作关系，对于其工作环境究竟意味着什么，对他们的进步有怎样的具体帮助，以及这种合作关系为整个企业和组织能够带来怎样的收益。

其次，针对“满意”需求，总裁需要及时对员工的工作业绩加以反馈，从而及时对他们的工作作出积极正面的评价，从而让员工有自身被尊重、被赏识的感觉，并对其正面的工作行为加以持续的强化，并保证员工的潜能不断得到挖掘。

最后，总裁应当针对“抉择”的需求做好授权工作。授权，是总裁的重要工作，而员工在授权中不仅得到能够满足其实现工作目标的资源，更能够满足其抉择的需求动机。实际上，当总裁将权力授予员工之后，员工也就能体会到自身抉择的重要性，并对抉择的意义加以重视。正因如此，授权是总裁必须加以掌握和锻炼的领导技能，是能够充分体现其领导工作前瞻性的计划。而授权对抉择需求的满足，必须要在员工工作之前实现，这也就意味着，总裁必须要在对员工的工作或职位进行布置的同时，就给予他们这种能够进行主动抉择的激励。只有这样，员工的业绩才能满足总裁的期望。

十六、金钱是否为激励的重要因素

◎新生代员工工作动机调查

在企业中，新生代的员工越来越多，他们不断进入不同的工作岗位，并成为未来企业的工作主体。由于这个群体在工作动机中表现出充分独特的特点，因此总裁必须要给予他们更多的注意。

认识新生代员工

新生代员工，是近年来在企业管理领域中新出现的名词。根据我的观察，这部分员工是指出生在改革开放以后的、生长在和平安定环境下的年轻员工。如果用年龄段表示，可以将他们归类为 1985 ~ 1990 年间出生的员工。他们工作经验比较少、工作时限比较短，但同时，他们又具备了自身的特点。正因为这些特点，他们的工作态度和其之前年龄段的员工有着很大不同，而对总裁的期望也有着较大差异。

具体来看，这样的新生代员工在工作动机上有下面这些特点：

首先，他们更加关注自己的工作前途。曾经有这样一个针对年轻职场员工的访问，在受访者中，有将近 70% 的员工表示，金钱并不是自己加入企业的唯一因素，甚至也不是最重要的因素。相比较而言，这些年轻员工更多看重的是目前工作是否具备发展前途，自己从中能够得到怎样的工作经验和工作能力。

其次，他们经常对自己在工作中表现出来的能力和经验感到不满，并希望能够获得培训和教练。这是因为新生代员工大多具有较为长远的职业导向愿望（无论这种愿望是否贴合他们的实际），因此，他们并不认为金钱是其工作的唯一目标,而这也是和新生代员工的生长环境有关系的。与此相关联的是，大多数新生代员工在调查中也反映出其企业并不能提供满足他们的整体培训。

另外，大多数新生代员工对于工作需求表现出多样化的态度。在我曾经组织过的一次调查中，有不到 30% 的员工表示自己是为了获得金钱，而其他的员工则是因为兴趣、家庭、成就感、权利感、投入感等不同原因。这样的结果在今天这样的就业环境下令人感到有点吃惊，但却反映出了新生代员工工作动机来源的客观实际。这也说明，不少员工对于自己已经从事的工作有着相当的认同感，能够对它们产生兴趣，而这可能是总裁激发新员工工作动机的“盲区”。

总之，只有先认识新生代员工，了解他们对工作动机的不同想法和态度，总裁才能有的放矢地带动这些企业的新鲜血液——而并非只是从自身的经验考虑，以为今天的年轻人最需要的必然是金钱。

推动新生代员工

对新生代员工的推动，在相当程度上影响着乃至决定着整个企业的绩效高低。因此，总裁应该结合自身对新生代员工工作需求的了解，积极发现、尝试并实践对其管理的方法，并形成经验，予以推广。

首先，对新生代员工工作动机的了解，应该建立在对其个性特征的尊重上。必须承认，大多数总裁和新生代员工之间存在着必然的代沟，而只有跨越这样的交流障碍，才能保证总裁可以不按照其自身的评价标准、工作经验去对新生代员工进行不公评价。因此，总裁必须尊重新生代员工的个性特征，如多对新生代员工进行正面鼓励、正面引导等等，从而赢得他们的信任与尊重，并进而开发他们的工作动力。

其次，对新生代员工加以区别对待。由于新生代员工有着种种不同的情况，如个人的年龄层次、个人的学习背景和个人的工作需求等等，因此，总裁和其他管理者应学会满足他们的不同工作需求，提高他们对于工作职位的满意度，并根据其不同的个性特点、能力特点、经验特点来进行相应的岗位安排、工作分配等管理手段，并做到工作动力的提升。

最后，多组织新生代员工进行团队活动。新生代员工较为喜欢人际交往，并能够在人际交往中表达自己。因此，总裁和其他管理者在组织团体活动时，不仅可以增进和新生代员工的感情，满足他们的交流和表达愿望，更重要的是，可以藉此机会，加强对不同层次新生代员工的交流、理解，进而从具体的沟通中发现他们各自不同的工作动力。

◎金钱是激励还是保健因素

俗话虽然直白，但经常具有高度的凝练性。“重赏之下必有勇夫”就是这样一句俗话。透过这句话，我们能够理解金钱对员工的激励作用常常是直接而充分的。同样，在我接触的企业总裁中，绝大多数都相信金钱的巨大激励作用。一些总裁甚至不容置疑地说，员工们工作就是为了挣更多的钱而已，他们甚至可以举出许多例子来证明这样的看法，例如，原来因为想要跳槽而工作懈怠的员工，因为加了工资，马上就变得不一样了……

的确，我认同金钱对员工的行为可以产生充分的激励作用，这是因为金钱对于大多数人的工作动机产生重要的强化作用，同时，在普遍的情况下，金钱还能够和每个人的社会地位、个人成就感、工作权利等相结合并充分推动。但另一方面，金钱也并非完全是激励因素。

金钱的双重角色

实际上，金钱的激励因素往往并不能持续地发挥作用。

例如，我观察到这样的事实：在不同的行业和企业中，相对较高的薪水，只能在调整薪资或者招聘员工的初期发生作用，或者在领取薪水的那几天发生作用，维系的时间最多也只能有十几天。不得不承认，很少有成熟的员工在其真正工作的过程中去计算、思考自己拿到的薪水高低。反之，金钱数量却常常是员工不认真工作时寻找的最好理由。

正因为如此，美国心理学家赫兹伯格提出，金钱不仅能够提高员工工作满意度和工作动力，也能够降低员工们对工作产生的不满因素。而后者被称为保健因素。

具体来说，保健因素和激励因素的不同，在于具体作用的不同。作为激励因素，金钱有可能为员工带来较大程度的激励，并产生对工作的满意，同时调动起工作积极性。而作为保健因素，金钱则更多地并非直接和员工有关，而是和他们的工作环境、工作条件有关。这些因素如果失去了金钱的保健因素，那么就意味着员工在工作中的基本需要难以得到满足，并因此而导致员工的不满，甚至导致其工作积极性被严重压制。

因此，金钱在对员工的激励过程中实际上扮演着双重角色，在激励因素中，金钱决定了员工是否满意，而在保健因素中，金钱决定了员工是否不满意。换而言之，金钱并非直接决定员工满意或不满意，进一步可以认为，员工满意状态的反面，是“缺乏满意”，而员工不满意状态的反面，则应该是“没有不满意”。

金钱因素的不当使用

既然金钱具备两种不同的角色，那么，对金钱只做单方面的观察思考和具体使用，就会显得过于偏颇，若使用不当，很可能导致员工无法从中获得积极作用，反而带来下面的种种弊端。

首先，总裁将下属员工的薪资不断调高，也就意味着，分摊在企业产品或服务上的单位成本不断提高。这样，企业的产品或者服务，比起市场上同类的产品或服务价格会不断调高。显然，在强调价格竞争的当今市场中，这种情况会导致企业的产品和服务的竞争力显著下降，而整个企业的绩效也会因此受到影响。这种影响将会导致员工从薪资调整中可能产生的积极性因素被抹杀。

其次，总裁应该清楚，现代企业制度下，薪资报酬的含义已经超越了机器工业时代计件工资的意义。对于那些优秀的骨干员工来说，工作绩效主要来自于他们对企业有着多高的忠诚度、对职位工作有着多高的投入度。事实证明，较高的薪水，无法马上换到人才的忠诚度，也无法持续提高他们对工作的投入度。在很多情况下，金钱只是起到了保健因素的作用，而无法起到激励因素的作用。

实际上，心理学证明，无论是金钱或是其他需求，越是接近满足的状态，需要花费的物质因素或者金钱数量就会越多。而当金钱报酬提高到一定的程度时，其自身原有的激励因素价值就会不断缩减，最终只剩下保健因素。

综上所述，总裁应该了解金钱激励的作用，更应该了解金钱在激励过程中的弊端，避免出现因为对金钱角色认识不清而产生的问题。

◎士兵为何视死如归

总裁希望自己的下属能够为事业去拼命。这是因为，如果员工能够将企业看做自己的事业，那么，他们就会在企业发展时，努力将整个团队推向更高的高度，而在企业落入低谷的时候，又能够积极帮助企业解决实际面临的困难。

员工怎样才能达到这样的状态？实际上，一个优秀的总裁，能够动用包括金钱在内的种种手段，引导员工将企业看做自己的事业，看做自己的家庭。而一个拙劣的总裁，就只能将员工看做出卖劳动能力的奴隶，导致员工如同一盘散沙，难以获得在面对工作和危机时应该具备的凝聚力。

军事化的激励方法

曾经经过军队洗礼锻炼的总裁这样和我分享他的想法：“现在的员工，一点苦都不愿吃，想当年，我们参军的时候，领导一声令下，哪怕是上战场都会视死如归……”

对这样的想法，我的回答是：“那么，为什么士兵就能视死如归，而今天某些员工连稍微困难的工作都不愿意承担？”

除去一些无法避免的主客观原因，不得不承认，在军队中，那些军事化的激励方法，往往比企业的激励方法更加有效。众所周知，世界各国的正式军队，很少利用金钱作为直接的部队内部激励因素。比如，中国人民解放军无论在革命时期还是在和平时期，士兵拿到的津贴都并不算高，甚至在特殊时期都无法果腹，但士兵依然保持着高昂的士气、强大的战斗力。又如，欧洲历史上最杰出的军事家拿破仑，从孤岛上带领数百人回到法国，居然以一己之身说服了整团整团派去“讨伐”他的士兵，并转而让他们为自己视死如归，可想而知，流放在孤岛上的拿破仑，也绝不可能用赤裸裸的金钱去买通那些士兵。

种种历史事实说明，军事化的激励方法，虽然不排除以金钱作为物质激励，但更重视在集体生活中非物质部分的激励。而这种非物质部分的激励，对军队的影响更为深远，对士兵的个人影响也更为深远。

同样，在总裁对企业员工的激励中，也应该重视非物质激励。这样，才能将员工队伍打造成战无不胜的“铁军”。

非物质激励

总裁对员工的激励，应该学习军队中的激励体系，除了采取物质激励以满足员工在金钱上的需求之外，还应该采取更多精神上的激励，以长期满足员工在更高层次上的需求。

首先，可以采取荣誉激励。荣誉激励在军队中非常常见，而在企业中，通常是指企业不同部门，乃至总裁级别对于员工作出的贡献所给予的不同的荣誉奖励。例如，发给荣誉证书、召开表彰会议、在企业内外的媒体上加以宣传、记功、社会荣誉等等。这些荣誉常常能够给员工以莫大的精神激励，正如拿破仑曾说过的那样："士兵会为了那根彩色绶带去死！"这是因为，每个员工都或多或少地希望做到自我实现，希望通过工作成绩来追求良好的工作声誉。因此，总裁对于员工应该不吝给予荣誉，一些名号、头衔很可能起到金钱激励起不到的作用。

其次，总裁应该学会将员工当成重要人物。的确，基层员工是企业中最普通的成员，但他们也希望被看成重要人物，而不是被看成机器零件。如果总裁能够适当地满足他们的内心需要，对他们给以自然而然的重视，那么，很可能使得他们获得比发放金钱更大的尊敬。

最后，可以适当进行岗位轮换形式的激励。如果员工总是面对单调的工作，很容易产生厌烦情绪，而在军队中，不同类型的任务组合、不同的战友、不同的岗位经常被看做是提高士气的重要手段。因此，在不影响企业工作的前提下，总裁不妨让员工进行有组织的岗位轮换，并注意在新岗位上加强对员工的培训，并发掘他们的工作潜力，从而充分发挥企业内部不同人才的作用，帮助员工更加主动地去适应工作。

◎不同层级领导者的需求排序

企业基层员工有多大的工作热情，相当程度上取决于企业内不同层级领导者的影响。这是因为，企业的高层领导者能够影响整个企业的人力团队，而中层领导者可以影响各自部门的工作情绪，至于和基层员工接触最多的基层领导者，则更能够影响到其身边具体的员工。

因此，总裁在关注如何激励员工士气时，不能不对不同层级的管理者加以重视，并设法满足他们的需求。

马斯洛需要层次

如果暂时剥离企业内各层级管理者的职位和级别，那么，总裁就能清楚地看见，他们虽然有着不同的岗位、不同的权力、不同的工作责任，但其内在的个人需要大体上有着一致的组成部分。

其具体组成部分，符合心理学家马斯洛提出的人类需求层次结构：

首先，人类个体有着生理需要，其中包括获取基本的生存权利、基本的住所权利等。

其次，人类个体有着安全需要，即能够保护自身不受到来自外界的侵犯、威胁的需要等。

再次，人类个体有着社交需要，即需要在同外界的互动中获取友谊、支持、情感、爱，并能够表现出自己的影响力和归属感。

接下来，人类个体还有着尊重的需要，他们希望在上述需要的基础上，进一步获得存在感、独立感、成就感，得到应有的自由，获取想要的社会地位，并得到他人的认可和尊敬。

最后，人类个体还有着自我实现的需要。他们希望发挥自身的潜在能力，并通过自己的努力，最大程度地实现自己的理想。

根据我对马斯洛需求结构的研究发现，在个体对需要追求的过程中，通常都是先去满足上述需要中的低层次需要，然后再去满足更高层次的需要，当某种需要获得充分的满足后，这样的需要就不容易产生更高的激励能量了。

例如，我的某位总裁学员曾经介绍过这样的情况，在他刚刚进入一家企业时，为了提升高层管理者的工作积极性，专门对他们的职务进行了调整。但结果是，这样的调整并没有引起高层管理者多大的兴趣，他们对于自己的名片上印刷的究竟是副总还是总监，似乎没有多大的关注。

其实，这位总裁的问题，在于对企业高层级领导者的需求排序缺乏了解，采取了错误的激励方式。

不同层级领导的需求排序

针对不同层级领导，总裁应该分析他们各自不同的工作动机，并采取不同的激励方式，防止将自己的需求代入下层的那些领导者的需求中。

那么，不同层级的领导是如何给自身的需求排序呢？下面是我根据对企业的实际研究作出的总结：

首先是高级主管的需求排序。由于高级主管已经拥有了相当的事业基础，因此他们看重的是在事业上能够获得多大的成就感，其次是自己在能力上的进步，再次则是对自己从事的工作本身所具备的兴趣。由于高层主管的收入已经较高，因此金钱激励只能排在第四位，而工作责任的硬性要求、职位的成长对于他们来说只是一种象征性的外部约束，因此应排在第五位和第六位。

其次是中层领导者眼中自我需求的排序。作为中层领导，他们同样也最需要成就感，其次是对自身职务成长的渴望，接下来才是对自己薪水的期待，并期待自己能从这样的工作中获得充分的能力进步，兴趣和责任的激励则是被排列在最后的。

最后是基层领导者眼中自我需求的排序。基层领导工作压力较大，面临的困难较多，因此他们首先关注的是薪水和进步，其次重视自己的工作责任是否能得到充分履行，然后才分别是进步、工作兴趣和职务成长。

通过这样的分析，总裁可以发现，不同层级领导对自身的需求排列有着很大差异，尊重这样的差异，并引导他们用正确的眼光去衡量其他人的需求，才能在工作实践中领导他们正确地激发整个团队的工作热情。

十七、四种类型下属的激励技巧

◎类型 1：指挥型

总裁经常遇到的困惑是，为什么同一套激励方法，对某些员工有效，而对于其他员工则毫无作用。事实上，这是因为他们原本就不是相同类型的员工。如果仅仅采用单一的激励方法，很显然会导致问题的出现。

为此，在企业的团队中，总裁可以将员工分成以下四种不同类型，包括指挥型、关系型、智力型和工兵型。

指挥型员工的特点

某五星级酒店的总裁和我交流过这样一种类型的员工：不论他们目前处于怎样的工作岗位上，总是会表现得较为自信，甚至自负；他们习惯用“我”来作为句子的主体，对管理和领导其他员工感兴趣；当问题出现后，他们经常会第一个站出来承认是自我的责任，并提出解决的办法，在讨论问题的过程中，他们比其他人更为客观和主动，但只关注事情，不关注人际关系，讲究事情的高效率。同时，这样的员工喜欢获得奖励，重视集体工作的结果，希望能够参与竞争，并对工作结果相当重视。

这位总裁介绍说，这样的员工经常会锋芒毕露，在酒店的人际关系并不太好，但他们往往是成为基层领导的好人选——他们不希望员工喜欢他们，而是希望员工能够服从他们。

的确，指挥型员工可能并不太“讨喜”，但在一个企业中，有着一定数量的指挥型员工，不仅可以帮助总裁和其他管理者传达和实现领导策略，更能成为企业高层和基层之间的缓冲力量。掌握对他们的激励方法，也因此显得尤其重要。

指挥型员工的激励

针对指挥型员工的特点，总裁可以抓住下面的要点打造出对他们的激励政策：

首先，总裁应该利用这种类型员工的性格特点，主动承诺职位晋升，并以此作为激励他们提高工作能力、加强工作积极性的途径。另外，总裁还需要对指挥型员工加以区分，其中第一类是容易转向型，即他们对权力、职位的追求只是有限的，当他们担任一个小小的领导职务以后，其追求目标又会迅速转化，变成了对金钱、物质的追求与向往。第二类是坚定型，当他们踏入领导圈子以后，会不断追求更高的职务，而愿意在一定程度上牺牲其他追求。对于这两种指挥型员工，总裁应该采用不同的方法进行激励，从而获得不同的良性效果。

其次，总裁应该经常关注、了解指挥型员工的目标。这些目标无论是其工作中的目标，还是个人发展的目标，总裁都应该加以适当支持。同时，当他们接近目标并作出业绩的时候，总裁应该适时去对其工作态度、工作效率加以赞扬，从而确保他们获得充分的工作动力。

当然，总裁对那些高层管理者中的指挥型员工，应该多表现出自己强于他们的地方，尽量做到在能力上“压住”他们，并展现出他们目前所无法企及的修养，让他们真正服气。而针对他们的弱项，例如人际关系方面，总裁应该尽量加以帮助，并及时帮助他们克服人际关系带来的工作困难和工作障碍，从而方便他们获取更好业绩，同时顺利完成工作任务。

在发现指挥型员工工作中的错误之后，总裁并不需要加以太多的宣扬，而可以采用较为私下的暗示，或者平等谈心的方式加以批评。不用担心这样的方式无法激励他们，相反，这样的方式很可能引起指挥型员工的更多关注。

最后，在安排工作时，总裁应该注意一些必要的技巧。例如，避免让这样的员工和过于谨小慎微、优柔寡断的员工进行合作，这是因为这种搭档组合很可能产生负面的矛盾影响；又如，总裁可以注意一些安排工作的技巧，让这样的员工感到是他们自己选择了自己的工作。当指挥型员工在工作中发现其下属缺乏工作能力或工作热情时，总裁应该及时询问他们的想法、建议，并加以适当采纳，加以协助解决。

◎类型2：关系型

总裁在对员工进行管理的过程中，还需要抓住关系型员工这一群体。这是因为在目前的社会环境中，注重人际关系较之注重工作能力和实绩，往往会有更快更现实的回报。因此，关系型员工常常在企业的员工队伍中占有更多的比例，而在中小企业中，这种比例则会更大。

关系型员工的特点

一家日化产品销售公司的总裁经常为该公司内部员工之间的关系处理感到棘手。他承认，在公司创建时期，公司高层比较注意吸收市场营销类型的人才，甚至在招聘其他部门的人才时，也参考这方面的人才标准。这样虽然在一方面提高了企业的营销业绩，但在另一方面，也加大了企业内部关系型员工的比例。

具体来说，这家公司的员工较多重视相互之间的关系，喜欢搞办公室政治，更看重彼此之间的看法。在表面上，他们互相之间人际关系处理的很“融洽”，无论是工作合作过程还是日常交谈商量工作，都是在随和乐观的气氛中进行的，很少发生某个员工盛气凌人的情况，即使彼此意见不同，也很难发生直接的意见对抗和竞争冲突。

但是，正因为这样类型的员工太多，导致在集体工作时，几乎没有员工愿意承担责任和压力，即使是员工集体的领导，在作出具体决定时，也显得缺乏魄力而过于谨慎。这样下去，虽然企业的人际关系气氛较好，但工作气氛却显得并不专业，还有可能缺乏工作热情。

这位总裁还注意到，公司中大多数员工总是希望自己的工作能够得到其直属领导的重视，当领导关注到他们、或者整个团队关注他们时，他们就会爆发出工作热情。而没有太多“观众”时，他们就不愿意努力工作了。

无论总裁是否喜欢关系型员工，都无法改变他们在企业团队中占据大多数的现实。而如果总裁疏忽了对他们的激励，很可能失去的是更多员工——不要忘了，关系型员工的影响力往往是相当厉害的。

关系型员工的激励

针对关系型员工，总裁可以对其工作或私人生活加以更多关心，并表示出对他们价值的重视、地位的尊重，这样，他们会产生足够被重视和被关注的感受。

其次，当总裁和员工进行工作上的交谈时，不妨给他们多一点表达机会，或者抓住机会多询问他们的想法和建议，这样，他们也会感到自己被重视和尊重。

再次，当总裁对关系型员工下达指示的时候，不妨多针对他们不愿意承担太多责任的弱点，明确要求他们肩负其应该承担的责任，并告诉他们如果没有承担好可能带来的问题和招致的处罚。需要注意的是，这些问题或处罚的内容，不妨具体关联到关系型员工身边的明确的同事，并借此强调其工作对具体个人的重要性。这会让关系型员工对工作更加重视。

当然，另一方面，总裁也应该告诉关系型员工，那些实际上不应该由他们承担的责任，会有不同层级的其他人加以负责，甚至由总裁自己负责。这样，获得了足够安全感的关系型员工就会全面投入工作。同这种方法类似的，还有总裁在布置工作中作出的其他承诺，这是因为，关系型员工会常常在准备工作时感到不安，而给他们提供足够安全感是很重要的。

另外，当关系型员工试图提出某些要求的时候，总裁不应该轻易对他们加以拒绝，因为这样的拒绝很容易让他们认为自己和总裁之间的关系产生了某些问题并影响他们接下来的工作热情。

最后，总裁如果发现在企业团队中有着相当比例的关系型员工之后，选择将团队关系作为一项工作资源加以经营和开发的工作重点，是相当明智的。因为，这样的工作重点很容易得到关系型员工的认可。

◎类型3：智力型

对于现代企业来说，智力因素的重要性是毋庸置疑的。正因为如此，总裁在提高企业的智力水平的同时，必然会关注到对智力型员工的激励和管理。

在企业的资源组成要素中，人是最核心的载体，而提高企业智力的关键，就在于总裁怎样去开发其中智力型员工的工作能力和工作热情，从而使得企业的智力能够得到最充分的发挥。可以明确的是，在企业未来发展过程中，只有真正利用好了智力型员工，企业才能得到更多的成功机会。

智力型员工的特点

对于总裁来说，怎样进行正确、有效的对智力型员工有意识、有计划和有目的的激励、管理，是他们在工作中所面对的重要挑战。

一家软件公司的马总，曾经碰到过这样的案例：

这家软件公司的销售主管张经理是典型的智力型员工，他毕业于名牌大学，专业知识和专业技术过硬，同时对工作相当热爱，在努力的工作中也锻炼出了很强的工作能力，获得了显著的工作业绩。为此，公司决定，提升他到上海分公司担任他心仪已久的销售经理。

然而，张经理到上海不久后，不仅没有表现出马总所期待的工作激情，反而直接向公司人力资源部提交了辞职信。

马总感到百思不得其解，经过多方面了解后终于发现，引起张经理不满的原因来自于上海分公司的老总。由于张经理刚到上海，这位谨慎的老总觉得自己缺乏对他的了解，而张经理也不完全了解这里的市场，于是在没有沟通的情况下，就直接安排他做一些简单的工作。而且在张经理工作的过程中，这位老总还不断加以指正、提示。这些做法让张经理产生了很大误解，最终选择一走了之。

这个案例说明，智力型员工本身其实具有很好的自我管理能力，他们希望从事的是创造性的工作，因此，树立过多的僵硬工作规则，对他们来说并不适当。相反，智力型员工更喜欢自己的工作带有自主性、挑战性，具有张力且有不同于他人的价值体现。这是因为这些员工往往具有良好的知识功底，能够做到博学、多思，并具备充分的分析能力，他们对于工作流程基本上都能做到烂熟于胸，而且对其中相应的问题总是有自己的想法。为此，他们积极收集信息，不断用事实和数字去说话。针对这样的员工，总裁又怎么能用错误的方式去管理和激励呢?

智力型员工激励

对于智力型员工，总裁应该集中采用以下方法去激励他们：

首先，无论总裁对他们进行表扬或者批评时，都应该先认可他们在工作中表现出来的智力和能力基础。如果是由智力型员工做出汇报，那么，总裁应该认真了解其汇报内容，并表示对其中的数字等事实部分感兴趣。这样，他们会感到自己的智力和分析受到了充分尊重。

其次，在智力型员工具体工作时，总裁或其他管理者如果想对他们加以激励，不妨多表达出具体的诚意，而不要仅仅只是浮夸的表现，不要怀疑这些员工是否能够读懂你的诚意，实际上，他们有充分的判断能力懂得自己应该作出怎样的判断。反之，总裁不应该对他们的思考进程或工作过程随意打扰和干涉，这是因为，智力型员工不喜欢在自己并没有犯错的情况下遭到他人的随意指令，导致工作过程的变动。

另外，总裁应该鼓励智力型员工有与众不同的表现。例如，随时表示期待他们找到不同于他人的发现、希望他们能够提出建设性的看法，鼓励他们在工作之余能够继续思考，为公司作出自己的努力。当然，总裁还应该注意提醒他们防范自己的缺点，例如，时刻提醒他们在努力实现工作目标时，不要过分地追求完美，防止浪费太多不必要的时间和精力在一些细微枝节上。

◎类型4：工兵型

一个企业需不需要默默无闻的员工？那些刚刚担任管理者的职员，很可能从没思考过这个问题，他们更希望自己带领的是一群天才。但实际上，成为总裁的管理者显然清楚，没有任何一个企业完全由天才组成。换而言之，在任何企业中，都需要有那种埋头苦干、不愿意与众不同的员工。而这种类型的员工被命名为工兵型员工。

工兵型员工的特点

工兵型员工，通常具有以下的特点：他们具有一定的工作经验，但工作持续度并不强，常常需要总裁或其他管理者对他们给以充分的支持和鼓励，激发起他们完成下一个工作的勇气；同时，工兵型员工工作仔细、严谨，力求无误，不喜欢冒风险，因此，他们宁愿埋头苦干，也不愿意创新。这样，他们在处理程序性、常规性的工作时，经常表现得比较出色，而从事开拓性工作时，则表现得较为普通了。

一位老总对工兵型员工作出的分类堪称精典：

第一种分类，是企业创业过程中发挥出重要作用的老员工。这类员工对企业有着深厚感情，因此经常表现出任劳任怨的态度，能够做到不计得失，并对自身的工作岗位表现出极高的忠诚度。当然，由于他们进入企业较早，可能存在年龄较大等问题，他们的工作能力也存在一定的瓶颈。

第二种分类，是个人经济条件较好，并不在乎工作收入的员工。这类员工经常不将工作看成个人谋生赚钱的手段，而是将其看做具体接触社会人群、融入社会组织、寻求个人生活尊严和成就感的手段。他们追求的是完成个人工作任务，不会受到企业内部大群体的排挤，不会受到批评和处罚，也正因为这样的原因，他们在提升个人工作能力的追求上表现得并不积极。

第三种分类，即最多的分类——普通员工。他们大多数在经济上有改变的期待，但是又苦于个人工作能力和经验有限，难以找到正确提升自己的方法。更重要的是，他们已经习惯于旧有的思维体系、工作环境，不愿意加以太多的改变。这样的因素促使他们不愿意尝试和接受改变，不愿意太多拼搏进取，并成为了老老实实工作的工兵型员工。

想要成为成功的总裁，需要的是所有员工的共同合作，集体努力，从而达到工作的目标。在这个过程中，每个员工都要做到忠于岗位、努力工作。因此，总裁更需要激励好工兵型员工，使得他们能够积极投入工作，并成为其他员工在埋头苦干方面的典范。

正确激励工兵型的员工，需要总裁做到如下几点：

首先，支持工兵型员工正确的个人工作计划，并在计划的执行过程中，给他们相对明确的工作指令，这样，工兵型员工就能专心于自身工作。

其次，总裁应该表示出对工兵型员工工作的支持和赞扬，从而传递出对他们的充分信任。这是因为工兵型员工有时候过于谨慎小心和按部就班，如果总裁不能给他们及时打气、增加安全感，很容易导致他们在工作面前无所适从。

另外，总裁还需要适当提高工兵型员工的工资报酬，激励他们更加勤奋地投入工作，并不断促使他们获得更高的工作目标。这些报酬并不仅仅是工资收入，也可以是精神上的奖励，而为了能够形成对工兵型员工加以激励的长效机制，总裁更应该要求企业设立合理的奖励机制。

最后，总裁和其他领导应该多为工兵型员工提供战略上的规划，设计出最适合他们的工作路径。工兵型员工缺乏足够的开拓性，因此他们更需要有人帮助他们从战略观点出发，指导他们在细节上的工作。另外，总裁在适当时机还可以对工兵型员工进行及时的发现、培养和帮助，并提供必要的机会予以锻炼，如果主客观条件允许，这种类型的员工会逐渐发现自己的潜力，并在工作中获得独当一面的能力，转变或提升成为其他类型的员工骨干。

第六章

授权技术：该放手时就放手

十八、究竟何为授权

◎授权是委派任务，还是交出权力

为了保持总裁权力的足够效能，总裁必须要学会将一定的权力授予下属。在我的课程理念中，授权绝对是总裁必须掌握的工作艺术，同时，也是其领导能力的重要组成部分。如何理解授权，并开发自身的授权能力，将充分体现出总裁的领导水平，也是保证其工作绩效和组织管理效率的重要条件。

但在明确什么是授权艺术之前，总裁首先需要了解授权的真正含义。

授权及授权类型

所谓授权，是指企业中如总裁等高层领导者，对下属授予和其工作相匹配的工作权利、工作责任，从而确保下属对其工作中的特定活动拥有相应的决策权、自主权。

然而，对授权的理解，往往限制了总裁对授权工作的认识、对授权工作步骤的清楚分析。一些总裁就曾经向我提出这样的问题："授权是不是就是向员工分派任务？授权是不是就是将我自己的权力交给下属？"实际上，授权既不仅仅是向员工分派任务，也不是简单地将工作权力交出去。

授权的方式可以是多种多样的。例如，在美国著名学家孔兹提出的理论中，授权可以分为下列几种：

如果根据授权范围是否明确来划分，授权可以分为含蓄的授权和明确的授权。

在含蓄的授权中，总裁并不给下属安排具体而明确的工作权限范围，也并不通过正式文件或程序来规定下属利用权限可以作出的决策内容或者工作方式。但是，他们会在实际工作过程中，让员工以其上级的名义或权限来从事实际上的管理活动。在这样的授权方式中，总裁能够灵活地让下属获得应有的权力去从事工作，而不需要更加烦琐的流程，同时，这样的授权还能够帮助总裁积极训练、考察和挑选那些具备潜力的员工。

在明确的授权中，总裁需要通过正式的文件或命令，为下属指明具体的工作权责范围。这种授权方式，能够合理地稳定总裁和下属员工之间的彼此职权关系，这样的授权具备了足够的条件去形成上下级之间的契约，并避免总裁职权的过度集中。当然，这样的授权也可能在一定程度上影响了总裁工作的灵活性。

如果根据总裁对授权的态度进行划分，则可以分为被动的授权、惰性的授权和积极的授权。

在被动的授权中，总裁表现得并不积极，他们总是因为工作情况而“被迫”进行授权，并试图完全精确地将授权范围划分出来。当然，这样的授权很容易限制下属的创造力，也容易影响他们的个人发展。在惰性的授权中，总裁只是因为不知道或不愿意去亲自处理工作而对员工加以授权，这种授权经常会导致工作的放任自流，并导致下属缺乏必要的监督和控制。因此，只有在积极的授权中，总裁才能通过对下属的信任和了解，保持沟通的畅通，做到合理的授权，并借此提高下属的工作和管理能力——这样的授权才是最理想的。

正因为授权可以进行上述分类，因此，简单地对授权下定义并不科学，也不合适，总裁只有更多了解不同的授权，才能从中获得自己的正确选择和应对态度。

授权的程度

我经常提醒总裁，授权的程度，通常会表现在如下的四个方面，需要他们充分关注：首先是下属作出多少数量的决策；其次是下属作出的决策有多大重要性；再次是下属作出的决策影响哪些工作方面；最后是总裁对下属工作指导和检查的频率次数。

在上述方面中，如果下属作出的决策数量越多、重要性越高、影响的工作方面越多、总裁或其他管理者的指导检查越少，则授权程度就越高，反之，授权程度则较低。但是，授权程度的高低并不会直接决定授权的效果。这也意味着授权程度更多地取决于下属员工的实际情况。总裁和其他管理者在对下属的授权过程中，应当更加仔细地对下属进行观察、教育和充分的考验，然后再逐步扩大他们获得的权力。例如,当下属工作能力得到真正的提高以后，总裁才应该放松对他们的监督引导，并授予更大权力。

另外，由于授权程度和下属的工作能力密切相关，因此，面对不同的下属，总裁应该给予不同的权力。对于已经显示出工作才能的下属，应该给出较大权力，而对于那些无法运用权力的下属员工，总裁则应该及时回收其权限。

◎领导者，你为什么不授权

作为公司的核心人物，总裁应该清楚，自己的工作职责是引领全局，而不是亲自去执行。如果总裁因为各种原因不愿意授权，那就等于越来越多的工作都会集中到自己身上，导致自身不堪重负的同时，也会使企业的绩效受到影响。

实际上，授权，就是总裁让他人为自己工作，是对自己的能力和时间予以充分放大的杠杆。总裁应该充分授权，而不是拒绝授权。

拒绝授权的悲剧

在我的工作经历中，认识不少这样的总裁：他们总是说自己在忙，但忙的事情却谈不上是什么重点，大多是各种乱七八糟的小事情。

最“悲剧”的是一家小广告公司的总裁。据他自己说，自己每天要处理几十份的文件，还时不时就收到各种各样最新的行业信息、咨询信件等等，因此，他经常忙的连喝口水的时间都没有。

这家公司并不大，但几乎所有的管理权力都集中在总裁手中，因此，公司里面几乎每个人都在等待他下达命令才能正式工作。每天，从这位总裁进入办公室开始，员工就会将他的办公桌围住，有的是让他签署意见书，有的是提交报告。就这样，这位总裁感觉自己每天都在忙于应付工作，而不是领导工作，他觉得自己根本没有充分时间去考虑公司发展的问题，也没有时间去制定年度的财政计划、人员的聘任提升计划等等。

但是，这个问题能怪其他人吗？答案当然是否定的。这位总裁并没有尝试过去聘用真正得力的助手，并对他予以授权，也没有积极从公司内部发掘工作能力较强和工作经验较丰富的员工予以提拔，让他担任中层管理者并予以授权。

这位总裁的境况，代表了不少总裁所面临的问题：他们不愿意授权，同时也不懂得授权。在这样的状态下，所有工作都集中到总裁个人身上，下属无法得到应有的锻炼，到最后，即使总裁呕心沥血，企业的业绩恐怕变化依然不大。

总裁们为什么不愿意作出授权的领导行为呢?

拒绝授权的原因

根据我对总裁们拒绝授权的心理在调查研究之后的分析发现，他们之所以不愿意将自身的权力作为工具下发给员工，提升他们的工作效率，主要原因在于以下几点：

首先，总裁担心授权以后无法管理好下属。这既可能是因为总裁对自身的管理能力缺乏信心，也有可能是因为他们对下属的职业忠诚和工作态度缺乏信心。总之，在这种心态的影响下，总裁希望直接管理事务性的工作，而不是去管理具体的人，这样，他们就无法去通过授权来对员工在“人”的方面进行管理。

其次，没有及时转变领导心态。一些总裁在企业创业初期凡事亲力亲为，养成了时刻冲锋在第一线的习惯。应该说，这样的工作习惯在企业初创时期是相当重要的。但是，当企业规模扩大以后，总裁应该及时转变自己的领导心态，意识到自己管理的并不再是当初的小企业，而是层级越来越多的庞然大物。真正具备了这样的领导心态以后，总裁才能意识到授权的重要性。

再次，总裁很可能因为缺乏人才而无法找到授权的对象。实际上，不少总裁认为，自己也想授权，但找不到可以相信的人。但这样的理由实际上站不住脚：一个企业缺乏必要的人才，问题必然还是出现在总裁身上，他要么是没有真正培养好人才，要么就是不知道从哪里发掘和引进人才。

最后，总裁可能根本不清楚授权的方法。这是因为总裁在授权能力方面缺乏学习和锻炼，没有真正学会授权管理。因此，他需要对授权的过程进行充分观察，并进行充分的学习和联系，并在实践过程中学会授权，学会运用和借助他人的资源。

◎授权有什么益处

在现代企业中，授权能够有益处这一观点，已经得到越来越多人的认可。授权不仅方便总裁等管理者对自身的工作进行良好管理、提升自己的领导能力，同时，也能够对员工进行积极的激励。

在我的课程中，我常常从不同角度和学员们讨论授权所带给企业不同层面的具体收益。

不同角度的益处

授权能够产生收益，但如果不从具体的角色出发来加以分析，这样的收益常常并不清晰。因此，最好的办法是观察授权给不同企业角色带来的益处。

首先，应该看到授权带给企业管理者的益处。即使不去评价总裁自身，那些在企业中忙于工作、分身乏术的中层管理者也有授权需要。当他们得到真正的授权权力时，就能将自己的工作分配出去，并将原本完成工作所需要的时间加以转移，体现到对员工的具体管理、对人才的引导和培育以及对团队总体业绩的关注上。

其次，授权同样也能为企业的基层员工带来收益。当总裁和其他管理者给予员工充分授权后，员工将从授权过程中获得更多的责任感，并提升自己的工作动力，得到充分的激励，产生应有的工作自主感。同时，在他们运用权力、执行工作任务的过程中，可以充分培养自己新的工作技能，并不断发掘其潜在的技能。

在某家企业中发生过这样的案例。该企业的市场营销部经理总是向总裁反映，本部门员工虽然有一定的工作能力，但却缺乏必要的相互沟通和协作能力。总裁提出了一些具体的工作建议，但经理却始终不得要领。后来，总裁决定授权给经理，让他在市场营销部建立起充分的协调机制，允许不同员工之间自由搭档建立合作关系。在这样的授权之后，该部门员工很快获得了锻炼、展示和发挥潜力的机会。由此，他们进一步充分建立了工作自信。

另外，授权还能够积极改善企业内部上下级之间的关系。这是因为授权能够给企业内部管理者提供更好的机会，帮助他们了解员工、了解员工的工作方式，同样，也能帮助包括总裁在内的管理者更好地认识自身、评价自己的管理方式，并带动员工这样去认识自己的上级。不仅如此，通过授权，能够建立起上下级之间更加积极主动的合作关系。

获取授权的益处

虽然知道授权的益处，但这并不代表进行简单的权力分配就能获得这样的益处。其中关键问题在于授权者应该采用怎样的工作方法和态度来对益处加以获取。

首先，总裁要注意到员工的长处。如果总裁或者其他管理者能够积极发现员工的长处，并结合这些长处对员工进行充分认识，就能够对员工放心大胆地加以充分任用。这样，他们才能够通过授权获得应有的收益。因此，身为总裁，对于员工应该先用积极的眼光去观察评价、发现长处，然后在这样的基础上形成信任感，并强化对他们的授权收益。

其次，总裁应该将权力和工作目标同时交付给下属。将权力交给员工，实际上也是对总裁目前手中现有权力的削弱，比起将工作交付给他们来说，更显珍贵。但明智的总裁应该了解工作和权力的不可分离性，只有将决定权和指挥权交给员工，他们才能做好工作，才能获得足够的收益。

最后，对下属授权时，应该讲清楚工作的目标。工作目标不明确，则员工的工作积极性就不会充分发挥，即使手中有管理工作的权力也不容易发挥，其工作责任感也会不断减弱。因此，总裁必须要在一开始就讲清楚工作目标，利用工作目标去激励员工努力使用权力，从而实现授权的收益。

◎授权有风险吗

授权是管理企业的必由之路，许多成功的企业总裁，当他们的事业达到一定规模后，都会发现仅仅依靠自己唱“独角戏”，会让企业的业务难以为继，此时，他们都会选择将部分权力授予他人。然而，在授权开始时，总裁也应该看到授权存在着不当的风险，这种风险如果控制不好，很容易给企业带来问题甚至灾难。

授权不当的风险

授权有风险，对错误的对象授权、采用错误的方法授权，都可能导致企业陷入困境。我们可以一同看下面这个在商业历史上比较著名的授权失败的案例：

梅塔格公司，是一家有着上百年历史的企业。这家企业发展到1980年代时，占据了美国洗衣机生产量的15%，而其获得的利润是同行业其他竞争者利润的两倍——1980年，这家企业的净销售额总量在4亿美元以上，纯利润则为3560万美元。

此时，该公司决定收购另一家英国的相关公司——胡夫公司。由于梅塔格公司总裁认定，胡夫公司的管理者对其自身情况有着更多的了解，如果本公司过分干预，可能形成误导。于是，梅塔格公司便对胡夫分公司的权力没有作出太大限制，反而加以充分的授权。

但是，这样的授权导致了日后问题的发生。1992年底，胡夫分公司展开了一项听起来很不错的促销计划：凡是当年年底购买产品总价值超过100英镑者，就能够享受两次的免费旅行；购买超过200英镑的，可以享受两次去美国的旅行。面对这样的诱惑，胡夫公司在英国的产品被抢购一空，生产厂家每天24小时生产。但问题接踵而来，胡夫公司的经理们发现，自己之前作出的预测完全不靠谱——他们开始时预测有资格参加旅游的购买者不超过5万人，但现在，起码有20万人获得了这样的资格！同时，由于公司准备不当，机票未能充分预订，第一批次的游客只有6000人，而其他成千上万的顾客根本就没有看到所谓的旅游。结果，每天有将近几千个电话打给梅塔格公司投诉，并向新闻媒体指责这家公司的欺骗行为。为此，梅塔格公司迅速组织力量加以平息，并最终导致支出了5000万英镑以上的成本去解决这次促销事件引起的麻烦，而这样的数字几乎等于胡夫公司每年带来利润的10倍。

从上述案例中可以看到，有下面这些原因可能造成总裁的授权风险：

首先，对于具体授权对象的选择，过多的不确定性造成了风险；其次，由于被授权的对象无法承担相应的工作责任、无法履行繁杂的决策事务，导致产生风险；再次，由于授权者的错误认识，先入为主地认为某些权力只有某些对象才能履行，或者反之认为所有对象都能履行好这样的责任，导致缺乏指导授权对象的能力，并因此而无法解决风险带来的问题。

因此，企业总裁如果想做到有效的授权，必须对上述原因加以克服，才能避免授权风险变成真正问题。

授权风险防范

我喜欢用放风筝来比喻授权，既要做到放飞，又要做到充分牵引。如果只是牵引，则飞不起来；如果只是飞而不牵引，那么，风筝就会失控。因此，总裁在将权力下放的过程中，必须要打造出充分可靠的牵引力，并保证以这样的力量来化解授权风险。

怎样做到既能够充分授权，又能够避免风险呢？下面几点是总裁应该把握的：

首先，总裁应该把握那些重要的权力。某些权力是总裁必须加以把握而不应轻易下放的。例如，人事任免权——尤其是对直接下属、重要管理岗位的人事任免权——通常相当敏感，不应轻易授权；关系协调权力，例如，总裁对下属之间相互合作关系加以协调的权力，应该予以充分掌握；人才培养权力，即作为一名总裁，决定培养打造哪些直接下属的权力。

上述这些权力，不仅能够有利于总裁直接领导整个企业，同时也是他应该肩负的职责。因此，不能授予他人，造成不应有的风险。

其次，总裁应该积极评价授权所带来的风险。具体在工作中，每次授权之前，总裁都应该评价这种授权产生的风险。如果其风险产生的问题可能会大大超过带来的收益可能，那么，总裁就应该对这样的授权予以终止。但是，如果风险可能导致的问题，其缘由来自于总裁本身的个人原因，那么他就应该积极纠正自身的领导行为。

最后，总裁还应该积极进行权力的追踪。总裁如果在授权之后，没有去跟踪自己发出的命令，没有去积极确保下属对权力的正确使用，那么，授权的风险就可能增加。因此，总裁不妨在发布授权指令之后，专门花费一定的时间去观察命令执行的情况。还可以在发布授权的指令之后，要求下属定期上报权力执行情况的说明。

◎授权的基本原则

越是了解授权，就越会发现：许多企业高层管理的失败，并非不授权，而是不懂得如何授权。因此，每个总裁不仅要意识到授权的重要性，还要看到授权的方法和技巧。抓住授权的原则，才能做到正确授权。

正确的授权

授权最简单直白的作用，是通过将权力分散以后，获得更好的企业发展效率。这并非意味着集权必然是错误的，而是提供这样的思路：如果企业需要分散权力，抑或企业的竞争对手采取集权方法，那么，总裁应该怎样通过授权在竞争中占据优势。

美国汽车界发展历史的竞争，就是最典型的授权和集权比较的过程：

20 世纪 20 年代之前，福特汽车公司是美国汽车行业的巨头，是美国三大汽车公司的首席。这家公司的总裁老福特，采取集权式的领导，由于他有着超凡的才能、过人的精力，因此能够大权独掌、独自管理。

但与此同时，美国通用汽车公司的总裁斯隆，经过谨慎的思考之后，决定在公司总部集权的基础上，开创“政策集中、经营分散”的授权管理体制。为此，他专门成立了企业管理委员会。几乎所有的重大决策，都由企业管理委员会的成员集中加以决定，而在委员会下面，则设立了若干事业部，它们分别具有不同的权力去发展自己的业务。

斯隆的努力很快获得了成果，由于按照原则来对下属加以授权，到了

1928年，通用汽车公司产品的市场占有率超过了福特，改写了当时的汽车行业格局。

授权的确是大势所趋，也是总裁应履行的明智责任。只有充分清楚授权的原则，总裁才能明白无误地实现授权目的。

授权原则履行

授权的原则，概括起来，可以从如下几个方面加以表述：

首先，坚持合理授权。这样的原则能够更好地锻炼和培养下属。这就意味着总裁授权的工作动机、工作程序和工作途径都必须是正当而合理的。例如，从授权的动机、授权的目的上来分析，应该是为了提高总裁管理工作的效率，是为了积极发掘下属的潜力，而并非是出于对个人欲望的满足，也不是利用授权来对下属搞“制衡之术”。

其次，坚持逐级授权。这条原则是指，总裁授予下属的权力，应该是总裁自身职务权力直接管辖范围内的权力。例如，总裁应该将自己的决策权力授予其直接领导的总监、经理，而不能任意下令将总监、经理的权力授予他们的下属。这样的做法，实际上会侵犯总监、经理的合法工作权力，造成授权的越级，导致自己的下属实际上有职无权，从而带来工作的被动，造成总裁和下属、下属和下属之间的工作矛盾和隔阂。

最后，坚持适度授权和可控授权。这意味着，授予下属的权力，应该具有一定的弹性，其具体的权力大小和多少，应该和被授权者的实际工作能力、需要处理的工作相互匹配。这就需要总裁在授权过程中要做到提前准备，并注意观察下属的变化，给下属一定的空间，使他们运用权力时能够拥有一定的灵活性和自主性。

同样，可控性授权还要求总裁应当在授权之后继续保持其独立的领导主体地位，同时，也是授权责任的最终负责者。

可以说，授权绝非总裁对职能的放弃，也不是对下属的放任，只有保持好对授权原则的尊重和履行，授权才能始终在正确道路上得以践行。

◎影响授权的权变因素

和对企业的管理一样，授权工作是总裁对企业的动态管理手段，是否实施授权、授权程度高低、采用怎样的方式授权、授权效果如何，都会随着企业内部的不同权变因素的变化而变化。

影响授权的因素

结合我对总裁日常管理工作的研究和总结，发现下面这些影响授权的具体权变因素：

因素一：工作任务。下属具体完成怎样的工作任务，会影响到总裁授权的效果。一些工作任务是无法加以授权的，而另一些工作任务则必须要授权。例如，那些需要员工分散执行的工作任务，就必须要授权。

因素二:决策。决策是否正确，会影响到授权的正确性、授权工作的结果。一般来说，想要从决策过程中获得越大的成就，那么，这种决策对于授权的影响就越大，而授权对象的层次也就应该越高，授权所付出的成本也就越多。

因素三：时间。不同的工作任务有着不同的要求时间。某些工作只是例行公事，因此，总裁可以允许其在较长时间内完成，并授权给下属完成。但有些工作则由于要求紧急，在时间上要求紧迫，因此，总裁的授权程度就应该更加慎重。

因素四：总裁的个人管理风格。领导者的管理风格也会形成较为独特的授权体系。在授权过程中，总裁的个人工作特点、个人选择意愿，对于授权有着较强的制约，甚至能够发挥决定性的作用。例如，不同的总裁会对下属的工作能力有着不同的重视程度，会有不同的意愿去提拔员工、发掘他们的潜能，会对下属有着不同的期待等等。

因素五：员工的个人素质。不仅是总裁，下属自己的工作特性，对于总裁的授权也会有着重要的影响。下属的工作特性包括：对企业的情感、对上级和工作权威的态度、对总裁的个人忠诚度、个人的工作意愿和心理、个人的年龄和工作经验、个人的工作表现欲望等等。

因素六:企业内的组织文化。授权工作，是总裁和其下属之间的具体互动，而下属所组成的企业团队，和总裁相比，其态度具体是对等，还是疏远，又或者是充满激情，都会制约授权的具体实施。

因素七：企业所处的具体环境。总裁的有效授权，必须来自于组织所在的环境。而在某些特殊情境下，授权的程度也需要加以不断的调整变化甚至收回。例如，在突发紧急事件情况下，授权程度应该得到约束。而在环境较为宽松的情况下，总裁则应该及时扩大授权，并让下属感到其自身工作受到重视。

在不同的授权影响因素中，总裁应该尤其注重那些可能影响到授权过程的负面问题，并加以防范和解决。为此，总裁必须注意从环境中挑选出那些可能妨碍授权的阻力因素。

授权的阻碍因素

首先，授权的阻碍因素来自于下属的实际能力或者经验上的不足，当员工缺乏承担较大职责的条件时，他们就很容易不敢按照授权来履行自身工作，而是一再犹豫，或者不断请示，并可能导致出现重大的工作过错。

其次，授权的问题可能来自于工作的性质，当工作较为紧急重要时，总裁或其他管理者需要及时、亲自加以处理，而不可能真正授权。

而在下属方面，他们也有可能受到自身或工作环境中负面因素的影响。例如，下属对于那些有名无实的授权并没有太多兴趣，尤其是总裁表面上予以授权，而实际上严密控制的情况，更可能引发他们的这种负面心态。另外，由于害怕错误、缺乏资源，或者缺乏来自上司的激励等，也容易产生类似的情况。

因此，总裁需要研究把握授权的因素，更要研究把握好授权的阻碍因素，才能得到良好的授权过程和结果。

十九、授权的步骤

◎步骤一：确定任务

总裁授权的目的，在于安排员工及时完成任务，并实现目标。因此，授权的过程从对任务的确定开始。如果能够在这一步骤明确好任务，就能为授权打造一个良好的开端，而如果在这个步骤中未能明确划分好任务，则授权很可能因此大打折扣。

任务的组成部分

或许企业内部的普通管理者乃至总裁，对任务都存在不同程度的错误理解，他们经常会将任务同具体的工作内容加以联系。

我曾经看到过一位总裁在为某城市的分公司经理下达销售任务时作出如此细致的规划，他是这样向下属下达任务的：

每个月要寻找到更多的大客户；

每周要确保分公司能够拜访10家客户；

主管销售的经理，要保证每周能和一线销售的业务员共同工作三次以上；

……

这位总裁认为，这样的任务明确清晰，能够让分公司经理很好地明确自己应该如何运用获得的权力。但事实上，这样的指示并没有让下属充分发挥自身工作能力的空间。如果真正要设定好目标来做好授权工作，上面的任务应该换成这样的表达：

你公司的销售额应该提高30%以上；

每个月要增加两个新的大客户；

某产品的销售量应该提高15%以上；

……

具体来说，在授权之前对任务的交代，应该包含如下的要点：首先，明确告知下属委派给他怎样的工作任务。其中，关于任务的具体内容、具体结构、预定的成果、怎样加以量化和测量等等，都应该确保员工清楚，而任务应该选择怎样的方法和途径，则应该是下属自身予以考虑和设计的。

其次，总裁应该告知下属实现任务的意义。包括，为什么要完成该项任务，完成该项任务能够从哪方面推动整个企业的战略进度等等。

最后，总裁应该告知下属关于任务的完成期限和验收期限。包括，委派的工作任务应该在什么时间必须完成，上级会采取怎样的方式验收考核等等。同时，还应确保下属了解工作任务的完成质量会如何影响其个人利益，如奖惩、承诺如何兑现等等。

如何下达任务

一般来说，授权过程中下达任务的方法，主要包括书面下达、口头下达、正式下达和非正式下达等。

口头下达任务，是指总裁采取语言的方式对下属宣布其工作任务，或者根据会议讨论所产生的结果加以具体传达。这样的方式并不适合于责任重大或较为困难的工作任务，因为这样的方法很容易造成职责的混乱、相互之间的扯皮、对职责的疏忽等等。反之，这样的方式更适合于下达较为简单、完成过程较为明确的工作任务。

书面下达任务，是指总裁颁布较为正式的文字指令或者直接采用稳健形式，对下属的工作任务加以指定。这种方法采用了详细的书面方式，因此适用于较为困难的工作任务，并对下属有更多指令性。

另一种分类体系中包括正式和非正式的下达任务。正式下达任务，是指按照企业内外相关的规则、制度来下达工作任务，这些工作任务是下属依据其自身工作岗位所应当加以履行的，大多数的授权都需要有这样的下达任务过程。而在非正式下达任务这一类型中，总裁则是根据企业的实际工作需要，在不违背管理原则和团队协作原则的基础上下达的工作任务，这样的工作任务常常表现得更加灵活多样，提供更多的操作授权空间。

总之，无论是哪种方式的授权，总裁都应该首先做到对任务的明确。任务是否明确，是授权过程中双方权力转让过渡之前的重要基础。

◎步骤二：选择人员

授权对于企业总裁来说相当重要。被选择的授权人是否合适，是完成授权的关键步骤，因此，总裁需要制定出清晰的工作标准，帮助自己或者其他管理者从企业的众多人才中挑选出符合标准的被授权人员。

人员的重要性

想要从企业内部挑选出适合被授权的人才，总裁需要打造出企业内部良好的竞争环境，这包括对授权对象进行挑选和选拔时，应该注意符合民主、公平、公开、公正的方式，同时，也包括对内部选拔人才的任用和提拔。

不妨看看松下电器公司的创始人、首任总裁松下幸之助是如何注重对特殊对象予以充分授权的。

在松下电器公司中，原本有位叫做山下俊彦的普通员工。他的工作能力相当出色，也创造了很好的工作业绩，在39岁时，被提拔为企业内分公司的部长。同时，他还具有敏锐的管理眼光，能够将整个企业内部的弊端看得相当准确全面，并表现出希望加以改革的愿望。

不久后，松下幸之助作为总裁发现了这位下属。经过观察，松下认定，这样的下属比目前其他高管乃至整个家族中其他成员都要优秀，是企业内最适合承担权力的人选。于是，松下幸之助果断地力排众议，对山下俊彦予以授权，让他从多方面承担不同分量的工作。

1977年，由于松下不断地授权，山下俊彦获得了良好的表现机会，拥有了自身发展进步的雄厚基础。这一年，他越过了前面的那些管理层成员，从25名开外的董事直接被提升为公司总经理。在他担任公司总经理以后，也毅然采取松下的管理风格，将权力授予那些能力出色、意愿突出的下属，并亲自提拔了20多名董事。这样，松下电器公司在总裁的合理授权经营下，因为领导层力量的加强，在短短几年之内获得了业绩的飞速提升。

松下为什么能具备勇气，打破常规，去任用这样一位背景普通的年轻员工，并授予其充分的权力？这是因为松下掌握了一套成熟的判断方法，能够准确、及时地发现企业中某些员工具备他人所不具备的特质，并因此将他们应得的权力授予他们。这样，企业才能不断发展和进步，总裁的授权也将越来越精准有效。

挑选人员的标准

制定一个良好的标准，总裁才能在企业内外选择到自己想要的人才来予以授权。我经常向参加课程的总裁们推荐下面的标准：

标准一：重视专业能力。这是因为在不同类型的授权中，解决实际的困难和问题占据主要方面。因此，往往需要对相关技术的专家，抑或是在本专业比较有成就的工程技术人员授权。这样，才能充分利用好被授予的权力，也才能真正解决问题。有鉴于此，总裁需要挑选出有着独特技术能力的人来加以授权。

标准二：重视职业道德。挑选准确的人授权，总裁能够更加轻松地工作，下属之间的协作关系也会因为被授权者的推动而良好地发展。因此，总裁必须确保挑选的对象具有坦诚、忠诚、认真等良好的道德品行，否则，被授权的员工很可能利用自己获得的权力来谋取私利、制造矛盾，导致企业内部发生摩擦。更重要的是，总裁将权力授予德才兼备的人，还能对外树立企业的良好形象，打造企业的信誉和总裁个人的魅力。

当然，人无完人。每个人才都有着各自的个性差异，不仅表现在道德水准上，也表现在能力差距上。因此，总裁在挑选人才时，应该选择那些才能、职位与赋予权力相匹配的员工。只有当不同的人才获得不同的对应权力时，他们才能真正地发挥其才智，实现自己的个人价值。这就需要总裁注意避免大材小用，同时也要注意小材大用，做到人、事、权相符合，授权工作才能一帆风顺。

◎步骤三：明确沟通

总裁这个级别的管理者，在具体授权的工作中，应该注意运用正确的方法去传递指令。这是因为，即使你身为总裁，对企业的整体发展有着从战略高度出发的理解，但这并不能确保所有下属都能和你一样。反之，下属员工所看重理解的事情，很可能作为总裁的你也未必就能清楚明白。归根结底，这是因为在企业中，不同的岗位、不同的层级、不同的角色看待问题的角度也会各自不同。

正因为如此，采用正确的沟通方式去传达指令，并有效授权，这一步骤应该得到总裁的足够重视。

沟通不足的问题

在总裁的实际管理中，经常会发生由于沟通不足而导致授权过程和结果受到影响的案例。

下面这个案例发生在一家外企中：

钟总是某外资企业的负责人。当他上任以后，决定对生产部门的工作流程加以改造。由于在之前的工作中他发现，工作现场的数据情况难以做到及时上交，于是便决定对这一部分的工作流程加以改造。通过和生产部门经理等管理者的协调，他决定借鉴其他外资公司的生产报表结构，使用更加详细的报表，从而能够看出生产的具体细节数据。

当钟总对生产部门的经理交代完报表使用方法以后，从第二周开始，生产数据就源源不断地交到他的手中，这让他感到很高兴，认为自己的授权工作获得了成果。但数周之后，情况发生了变化，一次严重的品质事故出现了，但工作报表上却根本没有表现出应有的预兆。经过调查，钟总才知道，报表上许多数据原来只是基层员工随便写上去的，这让他感到相当不满，于是便召开会议，向生产部门的管理者们强调报表的重要性。但是，开完会以后，报表上的数字依然并不确定，总是过不了几天就会回到开始那种随便填写的状态。

实际上，钟总没有发现问题具体产生的原因——虽然生产部经理们获得了管理报表的授权，但最终实践填写报表权力的基层员工，却并没有和钟总进行过任何有效沟通。可想而知，这些员工认为报表的填写权力跟他们没有多大关系，当然不会慎重地运用这样的权力了。

在问题被弄清楚之后，钟总很快就和基层员工进行了充分全面的沟通，他首先和这些员工共同学习了其他企业的报表制度，并指出了这种报表制度的优点。其次，通过和他们的沟通，帮助员工认识到其自身利益将和报表质量水平息息相关。这样，报表的填写质量终于有了起色。

或许不少总裁会认为，自己有着授权与人的职权，不管下属是否愿意，他们都必须运用自己给他们的那份权力。的确，下属有可能因为你的职权，而执行你给予的那份权力，但是，是否做好沟通，将会影响到下属运用权力的结果。经过沟通而变得更加自觉的员工，比起没有充分沟通的较为被动的员工，两者之间执行权力的过程和结果，是有着较大差别的。

授权前需要先沟通

总裁应该怎样去正确传达自己关于工作的意图，并和下属积极沟通，从而提升他们执行命令的意愿？下面的沟通技巧值得总裁学习掌握。

首先，沟通之前要充分尊重下属。下属经常会在意自己是否被上级支持，在总裁面前，他们往往更容易产生下意识的自卑。而总裁如果不能尊重下属，不仅不利于对自身领导力的培养，同时也不利于沟通。因此，总裁在和下属加以沟通的时候，要注意保持应有的平易近人的风度，在语言上注意礼貌用语，从而使得下属感到自己即使在授权过程中也是被尊重的。

其次，总裁要善于利用沟通中的语言去强化授权的意义，并帮助下属意识到和权力共同赋予的工作的重要性。这就需要总裁和其他管理者能够善于利用语言沟通。例如，“这次项目很重要，你要好好做”这样的沟通，就没有充分推动下属认识授权和工作的意义，而“这次项目是否成功，将直接决定我们和竞争对手之间的力量对比，对于公司来说很重要，希望你能够竭尽全力为公司作出贡献”这样的沟通内容，则显然能够激发下属的斗志。

再次，沟通过程中需要传递出总裁对员工的信任。当总裁决定让下属负责某项权力之后，就应该尽可能地做到通过沟通去传递对他们的信任，并让他们能够放心地根据工作特点和权力大小，更好地发挥个人工作的能力。这就需要总裁在语言态度中让下属得到必要信息，让他们感觉到自己正在被信任和被看重。

最后，在授权过程中的沟通步骤中，总裁应该学会用人性化的方式和下属进行语言上的沟通。这样的沟通方式强调总裁注意语言的铺垫，具体方式上，减少陈述句式的直接指令，代之以用提问的方式开始，这样就能促成员工及时地思考。

当然，还有更多的沟通技巧。例如，换位思考、主动关心等。而采用好沟通技巧，才能更好地提高授权的效率，扩大授权的收益。

◎步骤四：追踪

为了保证授权工作的效果，总裁还应做好追踪控制步骤。所谓工作追踪，是指在对员工加以充分授权的情况下，对员工获得权限之后的工作情况进行的追踪。总裁应该意识到，追踪并非对下属工作的干涉，并非由总裁帮助下属作出决定，也不是直接为下属提供工作方法，而是对于下属的工作情况作出具体完成情况的评价。

追踪的方法

授权之后，总裁对员工的工作情况加以追踪，其意义在于能够随时发现员工的工作偏差，同时纠正其工作的具体方向；同时，还能够及时发现下属的工作问题，并引导激发下属去予以解决；根据追踪的具体结果，总裁还能够为下属提供资源作为支持，并及时认可下属的具体进步，必要情况下对他们予以激励。

来看看某位总裁所提倡的“走动管理”是怎样对授权过程加以积极追踪的。下面是这位总裁的自述：

从在某公司担任总裁开始，我就经常进行积极的走动管理。我将一部分工作时间用在对整个企业的巡视中，以便及时发现员工在工作中表现出的优点和问题。

巡视中，用于追踪的方式之一，是事先通知不同的部门。通常，我会将自己对不同部门的巡视计划提前告诉这些部门的经理，他们会知道我大概在什么时间巡视其部门，并且提前对工作加以准备，迎接巡视。

当然，有时候，情况也会有所改变。当我因为其他工作而不能去检查的时候，为了防止下属们降低自己的工作标准，或者放松工作注意力，我会偶尔采取并不预先通知的方式，对他们的工作进行突然检查。这样的追踪方式，也能够做到真正观察到整个企业不同部门最真实的运行状况，并能确保员工能够始终遵循着高标准去使用他们的工作权利。

对于这位总裁的追踪工作，从中可以总结发现下面的经验：在总裁一开始对员工的授权工作加以追踪时，有可能被错误地认为是对他们并不信任，但当总裁准确地传达自己的意图之后，员工们就会意识到，总裁的追踪实际上是更多地对其成绩加以认可、更好地帮助他们克服困难。当他们认识到这一点后，就会表现出对追踪工作的配合与欢迎。因此，总裁即使在追踪过程中发现了员工的错误，也不必过于苛责，因为追踪首先要得到员工的支持，获得他们的信心。

追踪工作并不完全是检查工作，这是因为对授权过程的追踪，主要是想要起到对下属加以激励的作用，其主要过程在于让下属能够按照他们自己的工作想法和工作意图加以具体的行动。如果总裁因为追踪，就一个人包办代替了所有工作，那么，追踪乃至授权原有的意义也就不复存在了。

具体来说，对授权工作的追踪应该从下面几个步骤加以进行：

首先，是对工作情况中不同信息的收集。总裁可以采取建立定期报告制度、报表制度、定期会议制度、现场检查追踪制度等来对信息加以收集。为了确保信息的收集是有效的，这些工作应当持之以恒并做得更加细致。

其次，是对授权工作情况予以充分评价。这就需要总裁分清楚员工在授权工作中的主次，分清楚事情的主次，才能对其中重要的工作内容加以重点·

追踪，而对次要的工作则加以临时追踪。同时，还要对员工授权过程中的工作加以评估，一旦发现员工的努力方向和目标出现偏差，就要及时进行纠正。

另外，在这个步骤中，总裁还应该防止机械性地追踪，如果只能对工作业绩和工作目标两者之间加以数字上的简单比较，那么很容易导致追踪过程真正目标的偏离。

最后，总裁还应该做到及时地反馈。这就需要他们能够定期将已经作出的追踪结果反馈给下属，确保下属分别知道自己工作表现如何，从而积极寻求改善，并确保自己能够习惯于总裁的工作追踪管理。

总裁对于授予出去的工作权力，依然要负责。因此，他们需要对员工的授权工作进行经常性的监控，对其中必要的事情做好长期追踪。这样才能激励和领导好员工，并更好地促成授权的成功。

二十、授权后的控制技巧

◎授权的艺术：学会放风筝

授权，会让总裁对工作局面的控制发生改变。表面看起来，像是对工作局面的放弃控制，但实际上，授权的艺术决定了工作并不能这样轻易放弃，而应当如同放风筝那样既要放手，又要牵引，正如我曾经总结过的那样："授权管理，只是改变控制的形态而已。"

因此，想要做到充分授权，必须要做到有效控制，这才是授权艺术的至高境界。

无控制就无授权

想要成为一名优秀的总裁，带领公司不断成长，获得持久的企业发展生命力，就必须了解“放手和控制”的授权艺术。只有做到这样的境界，才能在授权者、被授权者之间做到游刃有余，踏上自我和企业都能得到成长的有效提升轨道。否则，总裁很容易失去企业发展的有效时机。

不妨来看看摩托罗拉发展历史上的一个真实案例：

摩托罗拉开创者的孙子叫高尔文，当他接任这家跨国企业的总裁之后，认定自己应该站在企业已经具备的良性循环基础上，放手让企业内的那些高层主管发挥才能。然而，这种“授权”的结果是令人遗憾的：3 年之后，摩托罗拉产品在市场中的占有率下降到 13%，而同行业的竞争对手诺基亚则上升到了 35%；在股票市场上，摩托罗拉的股票市值缩水了 72%；而摩托罗拉更是在 15 年的强势发展之后首次出现了亏损……

实际上，高尔文的个人领导能力并不差，他的问题在于不懂得授权的艺术，不懂得在授权之后加以控制。

例如，摩托罗拉曾经推出过一款名叫鲨鱼的手机。在整个公司的高层讨论如何运用这款产品进军欧洲市场时，高尔文明明知道欧洲人的习惯——喜欢轻便简单的手机，而不是鲨鱼这款体型较大的手机，但他最终只是在会议上问了下市场部的调研结果，而当市场部负责人表示这个项目在理论上完全可行之后，高尔文就选择了认同下属的方案，并决定推出产品。结果是，这款手机在欧洲市场上不断败退，毫无建树。

类似这样的情况经常发生，而高尔文也不会及时地掌握企业的发展经营状况。他经常一个月才会召开一次企业的高层会议，而在这些会议上，即使他知道下属在工作中出现了错误，为了避免产生矛盾，也不愿意加以干涉和指正。直到2001年年初，高尔文发现，这种“授权”方式很可能葬送整个企业的辉煌历史，才开始加以调整，并最终扭转了局面。

实际上，授权是需要信任的态度，但这并不代表授权之后就可以对下属不闻不问。在授权之后，一旦发现问题，就要及时加以纠正，否则，很容易出现错误。成功的总裁，都会在授权之后对之进行恰当的控制，确保自己能够随时掌握事情的发展进程，并在正确的时间用正确的方式将下属拉回正确的工作状态中。

准确地控制

总裁在授权给下属之后，要懂得不断地给出准确控制，懂得对下属的工作作出引导，这样，才能期待下属有出色的表现，从而确保下属能在适合他们的工作位置上达到良好的工作效果，从而让授权获得应有的成功。

首先，总裁应该在授权给下属之后，对他们作出及时的帮助和指导。这就需要总裁能够事先了解下属面对的工作、他们需要怎样运用其权力、运用过程中需要关注哪些细节……当总裁自己能够较为全面清晰地了解整个工作过程之后，就可以事先提醒下属注意工作过程中的问题，并及时加以预先准备。这样，授权之后的工作过程就能够得到应有的保障。

其次，总裁在授权之后，得以从具体的工作事务中解脱出来，这样，他们应该用更加充足的时间和精力，去谋划思考并统筹全局问题。因此，总裁在授权之后，依然要保持对整体局势的观察和思考，将那些已经有下属在负责的部分局势纳入整体局势中，加以控制和观察，这样，员工才能从总裁的分析思考中获得智慧的提醒和帮助，才能从总裁的高瞻远瞩中获得力量并去完成他们的工作任务。

总裁在授权和控制的过程中，还应该注意衔接问题，根据不同下属的情况，分别设定不同的时间给他们自行操作，然后再加以检查。这样能确保不同的下属既能有充分的自由空间，也能够获得应有的控制。

◎减少错误授权

同其他管理方式一样，授权也存在着错误的可能。如果总裁将那些错误的授权方法当做正确的授权方法，就很容易导致企业内部的授权体系从上而下发生混乱，并出现各种矛盾和问题。这样，不仅下属的工作难以获得进展，总裁的工作也会处于被动。

具体来说，错误的授权方法包括反向授权和越级授权两种。

警惕授权陷阱

在“反向授权”这一陷阱中，下属经常以不同形式，将自己原本应该承担的权力责任返还给上级，从而将原本属于自己的职权范围内的工作问题和矛盾交给上级，从而变成上级为下属工作、被下属制约、处理下级应该处理的问题。这样，很容易导致总裁或其他管理者的工作被动不已。可想而知，当总裁忙于处理下属的汇报请示，而无暇从事自己应该从事的工作时，其工作节奏会反过来跟从下属，而其工作权力也会从下属那里得到“授予”，这自然成了授权工作中的陷阱。

反向授权的情形经常可能出现在一些新任总裁身上。

我认识的某医药公司总裁林总，曾经在 30 多岁就担任了一家中型企业的总裁，由于他是被董事会从外部“挖”来的，因此，不少人对其工作能力并不认可。但此时年轻的林总很想通过自己的行动为其下属作出表率，于是经常埋头工作，认为下属自然会从他的工作态度中有所学习，并团结一致。然而，下属反过来认为新来的总裁缺乏资历和经验，于是在表现出对林总应有的尊敬的同时，故意降低工作效率，将不少事情都拖慢下来，一次次向他请教，并等待林总亲自过问、处理、给出方案、提供方法、设定目标、寻找资源……这样，整个公司的工作进展都变慢了，根本无法达到预设的工作目标。

幸好，林总很快意识到自己落入了反向授权的陷阱。他经过思考之后，决定自己专注于指挥引导工作，而不再事必躬亲，反过来将责任落实在不同员工的身上。很快，林总的变化成效明显，不少下属都清楚了自己的工作任务，并恢复了企业应有的工作效率。

除了反向授权之外，越级授权也是有可能出现的授权陷阱。其中包括两种最常见的情况：第一种情况下，权力授出之后，总裁对下属缺乏应有的约束力，也缺乏对任务授出之后再次进行修改的实际权力；第二种情况则是下属不愿意接受总裁的领导，而擅自做主对上级的职权加以利用。无论是哪一种，都是下属对上司权力的驾控，下属试图运用上级的权力，但又不可能担负起上司的责任来，这显然会损害总裁的权威，并导致工作脱离既定轨道。

如果不对上述授权陷阱加以控制，显然会对总裁个人和企业组织造成巨大的危害。

解决授权陷阱

任何企业中都可能出现授权的陷阱，这些陷阱有时候是无意为之，有时候则是故意被设置出来对总裁加以试探。不管其出发点具体为何，总裁都要做到正确对待，防止因为下属的问题而导致授权过程失败。

对待下属带来的授权陷阱问题，总裁可以采取下面的三个措施：

首先，将表扬和批评结合起来。在某些情况下，一些下属越权，实际上是替总裁或其他上级领导做了本应由他们决定的事情。这种情况很可能与员工的工作能力较高、事业心和责任心较强有关系。虽然这种情况有其可以利用、鼓励的地方，但对于这样的下属，总裁还是应该对其进行表扬的同时也进行批评，这样，下属才能明白自己的行为，并为总裁的言行所体现出来的公平、客观、尊重、关怀所打动，从而领悟到自己怎样规避授权陷阱。

其次，对于下属越权造成的授权陷阱，总裁应该根据不同情况加以及时处置和补救，对其中的问题予以纠正，力求做到将损失减到最小。同时，总裁还应该及时对下属加以教育帮助，要求他们积极吸取教训。如果下属越权处理了问题但带来较好结果，总裁应该让他们保持现状，但要求他们下次行动前必须要获得授权。

最后，减少反向授权。和下属谈工作时，要求下属提前将工作困难设想周到，并一次性提出，减少下属不断前来请求、汇报或者要求调配资源的可能。

◎开辟授权之路

开辟授权的道路，即使对于总裁来说，也必然充满了挑战。这条道路需要总裁具备应有的风险意识，并拥有足够勇气去加以坚持。这是因为，任何企业文化的变革过程，都会涉及从总裁到基层员工的各方面变化，包括他们的工作习惯、工作态度和工作行为。同时，这样的过程也会产生高低起伏。

总裁可以根据开辟授权之路的过程变化，将之分解为三个各自相互独立的阶段，而其中每个阶段有着不同的特点。

第一阶段：授权之路的开启

授权之路的开始阶段，离不开总裁作出关于企业变化的应有承诺。

不少总裁在回顾他们的授权之路时，总会对开头这个阶段感到影响深刻。他们发现，在这个阶段中，整个企业不少员工都有着较为复杂的态度。从基层员工和中层领导的角度来看，他们大多带有一定的疑问，不清楚这样的授权之路会将他们带向怎样的状态，同时也不清楚会有怎样的改变。但与此同时，员工和管理者们也都跃跃欲试，想要接受这样的改变，因为授权之路有可能充分发挥他们的工作能力和工作才华，让他们获得更好的环境。

在这样的矛盾想法下，表面上，权力的下放让员工感到惊喜，但实际上，员工和他们的管理者一样，对于是否能够运用好这样的权力也感到忧虑，更有可能怀疑总裁对于授权之路的信心和坚持。

第二阶段：授权之路的转变

当授权之路到达某个变化点时，员工开始对授权目的有了相当的了解，但这种了解并不足以让他们产生十足的把握。

总裁们这样描述转变阶段的情况：

在授权开始一段时间后，员工不安定的情绪无法避免，在这种情绪下，他们经常会存在挫折感、沮丧感，并怀疑总裁和上司是否会随时停止授权。而与此同时，企业内担任领导者的员工，则开始担心他们的下属已经无法面对更多授权，而承担不了应有的挑战和责任。

正是在这样的转折点上，不少负责执行的员工陷入了迷茫期，他们逐渐感到担心疑虑。一些总裁承认，自己的企业正是在这个关口上结束了授权之路。

其实，这样的转折点并没有什么不正常，因为它正是通往成功的授权的必由路径。

第三阶段：授权之路的提高阶段

如果总裁带领整个企业走到这个阶段，他们就会发现，公司内部的员工——包括高层管理者、中层领导和基层员工——都开始获得了对授权工作的正确认识，他们开始培养自己的正确工作态度和习惯。

当然，在这个阶段，总裁还需要对员工的新工作态度和工作习惯加以巩固。这是因为他们并没有到达正常而自然的行为。因此，在授权的环境下，员工们必须学习承担更大的责任，而总裁也应该主动和他们一起分担责任并共同使用权力。

总体上，在这个阶段中，绝大部分员工已经和企业的授权文化融为一体，对于那些落后的员工，总裁需要加以支持和鼓励，从而激起他们加速进步的愿望和努力，最终带动整个企业的全体人员走到授权之路的成功点。